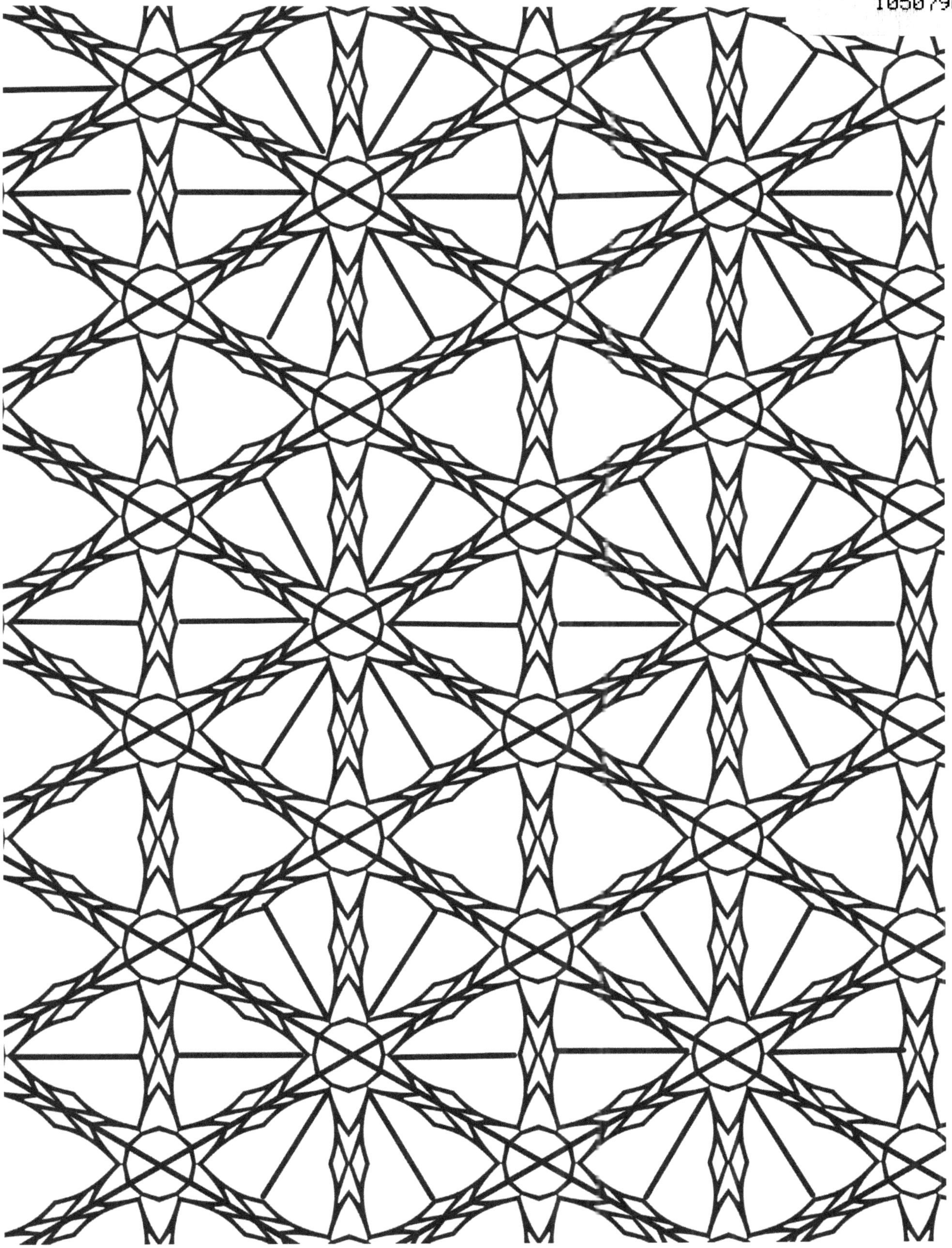

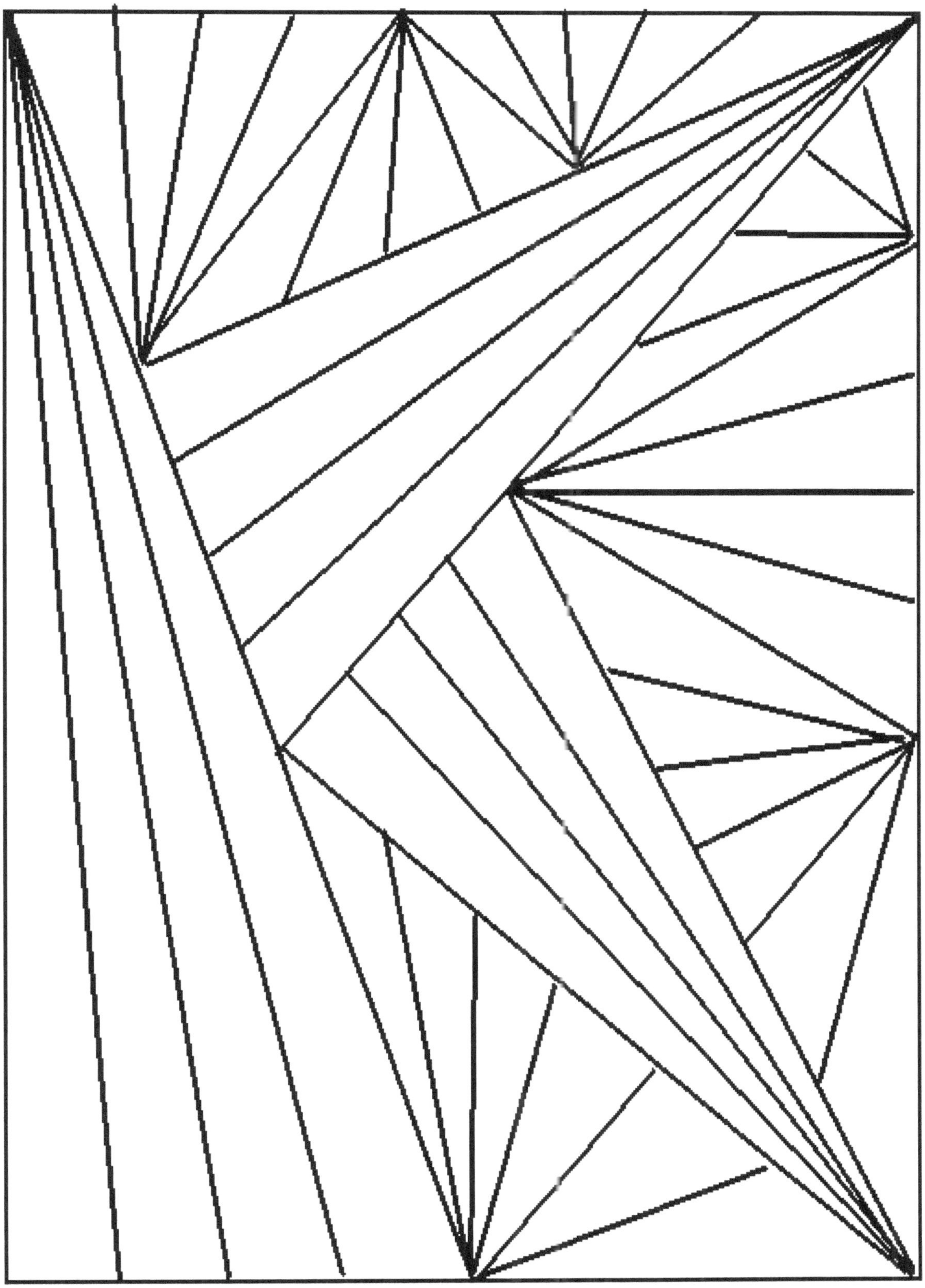

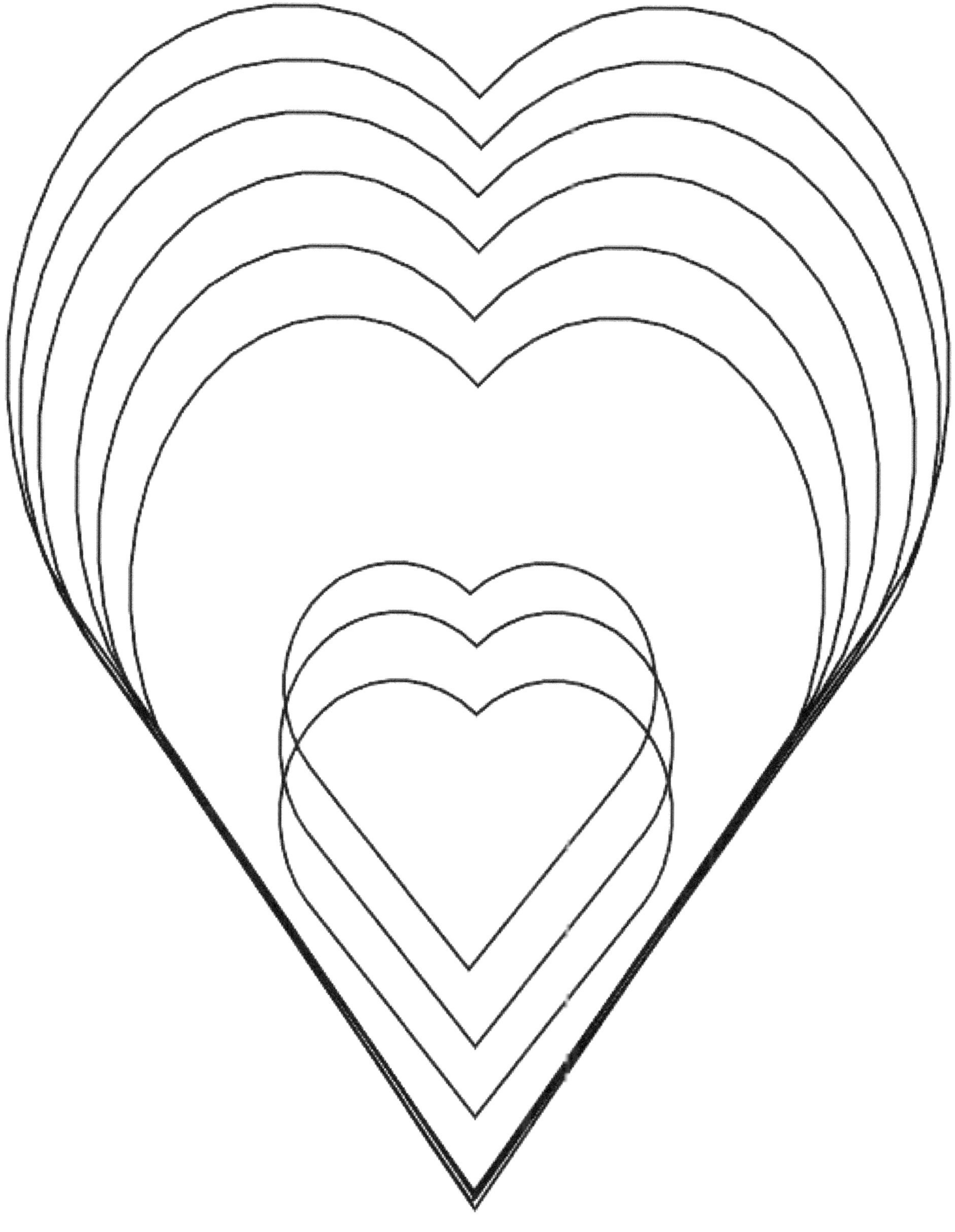

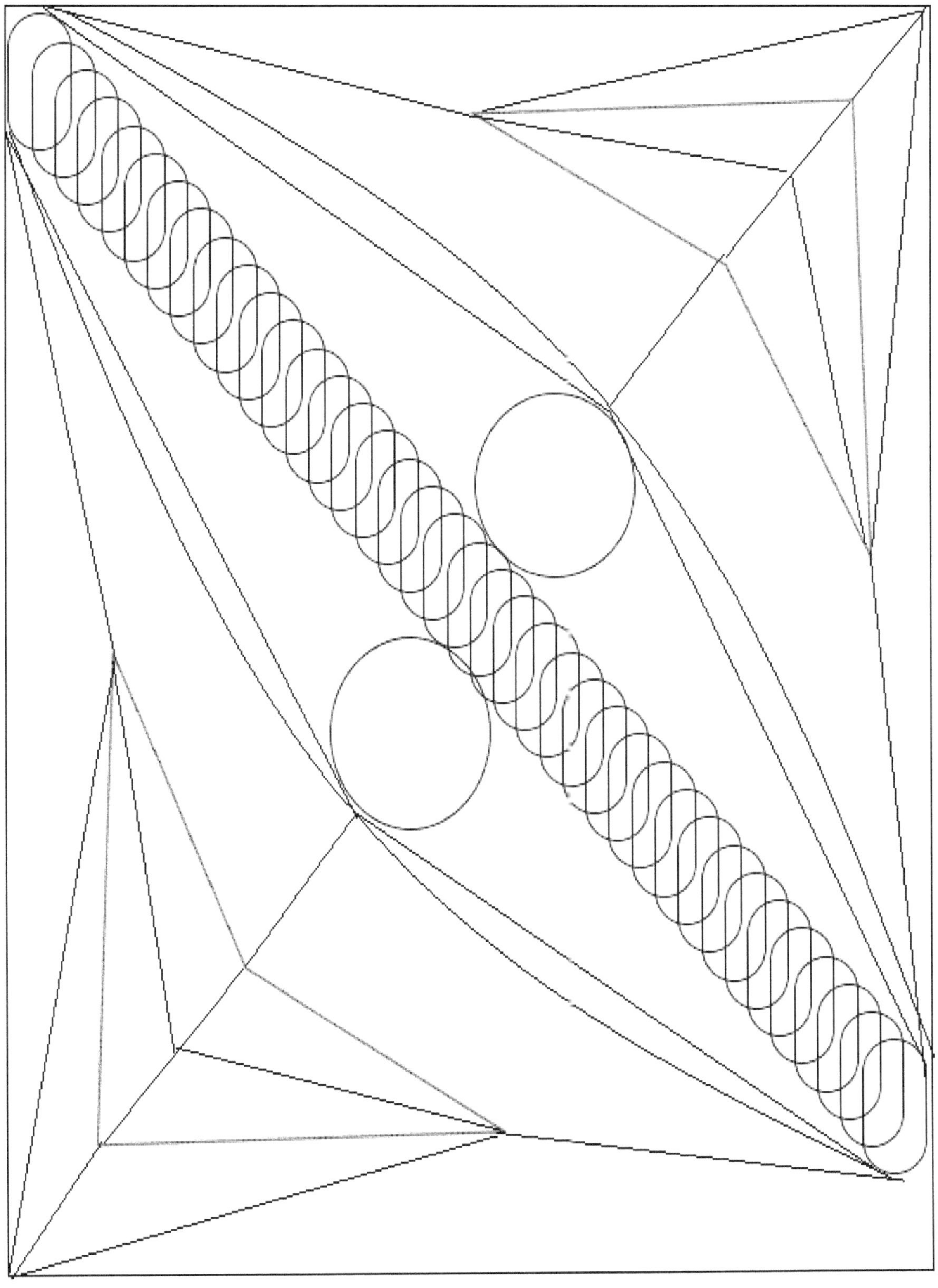

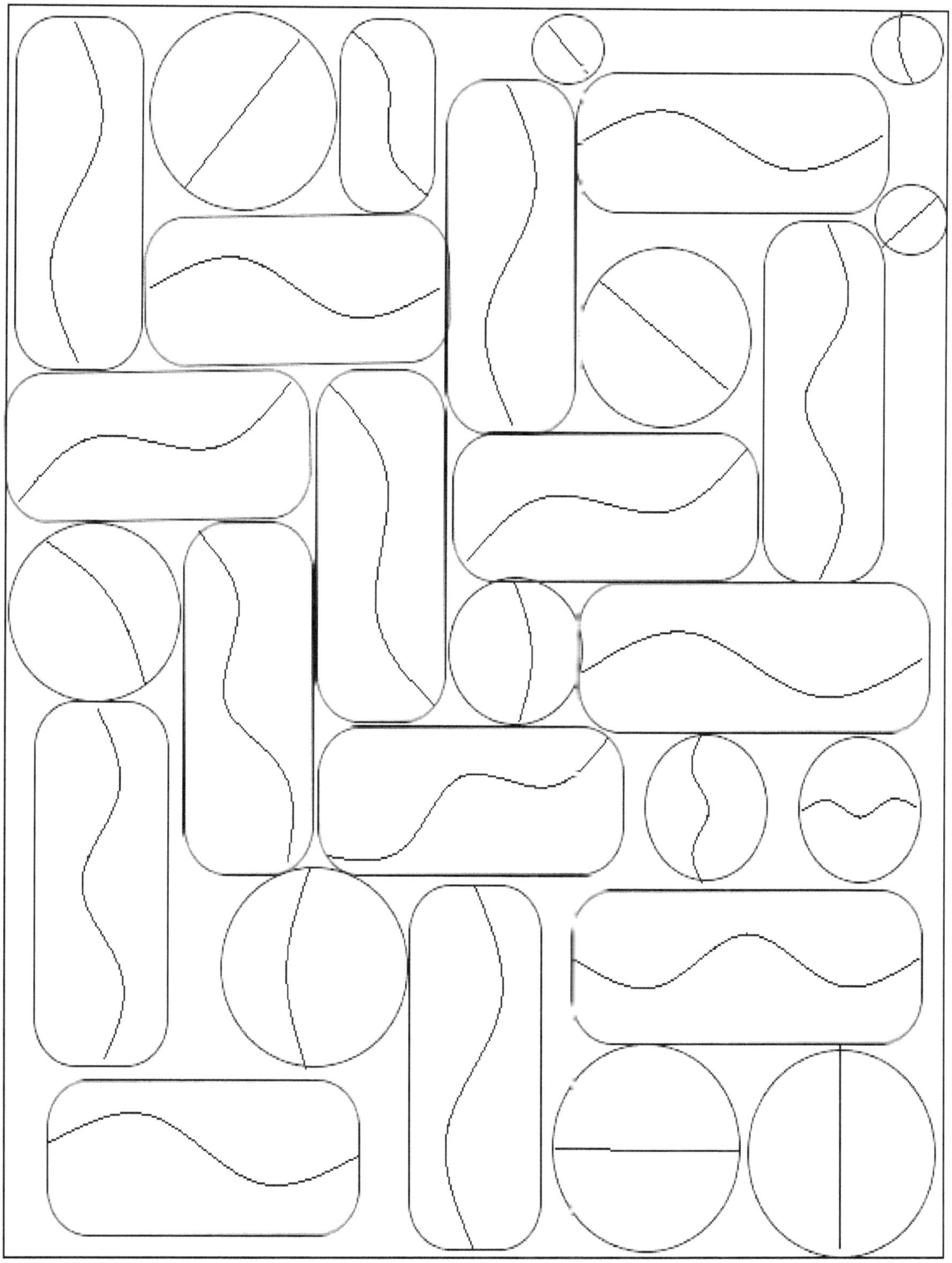

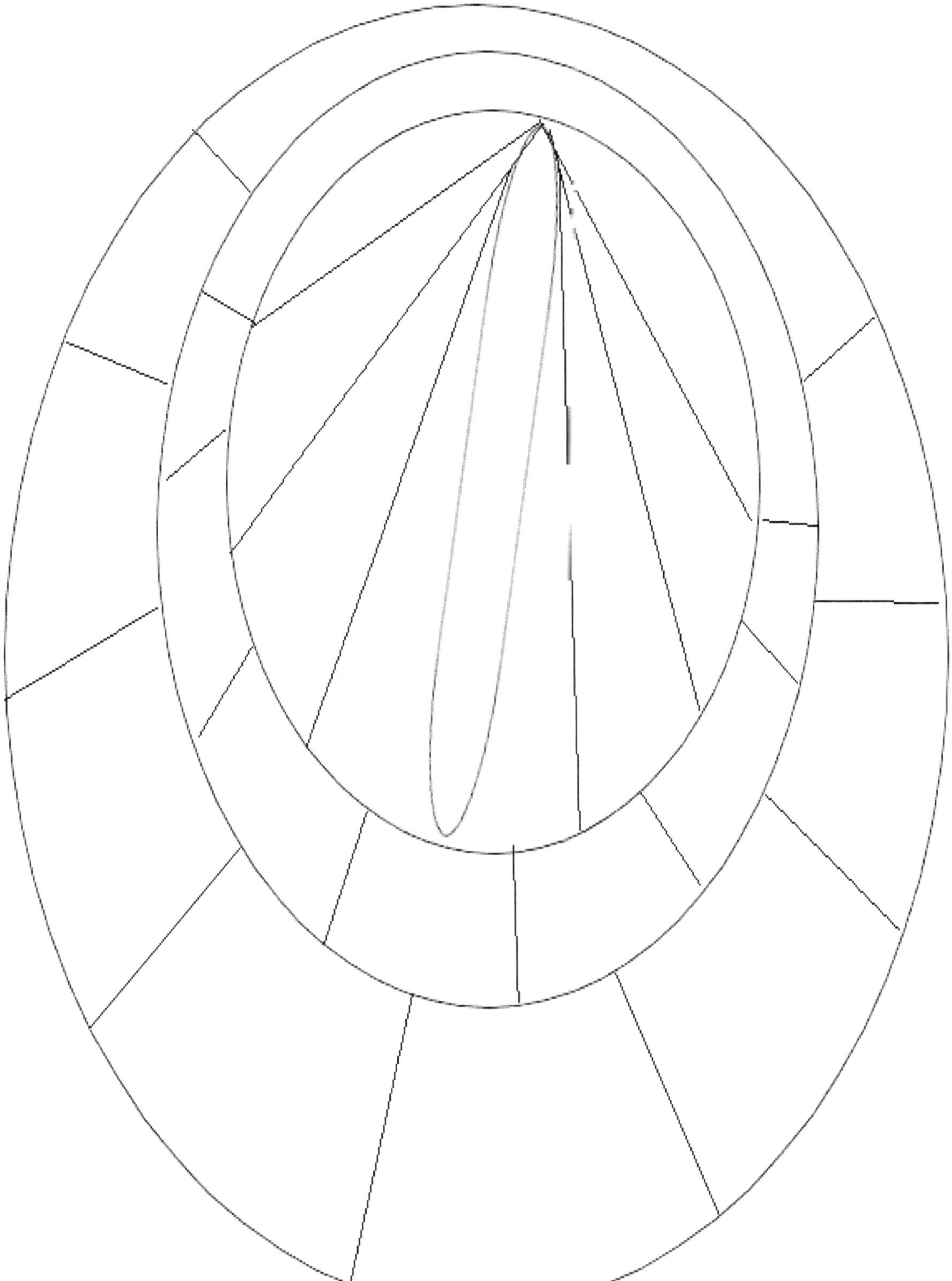

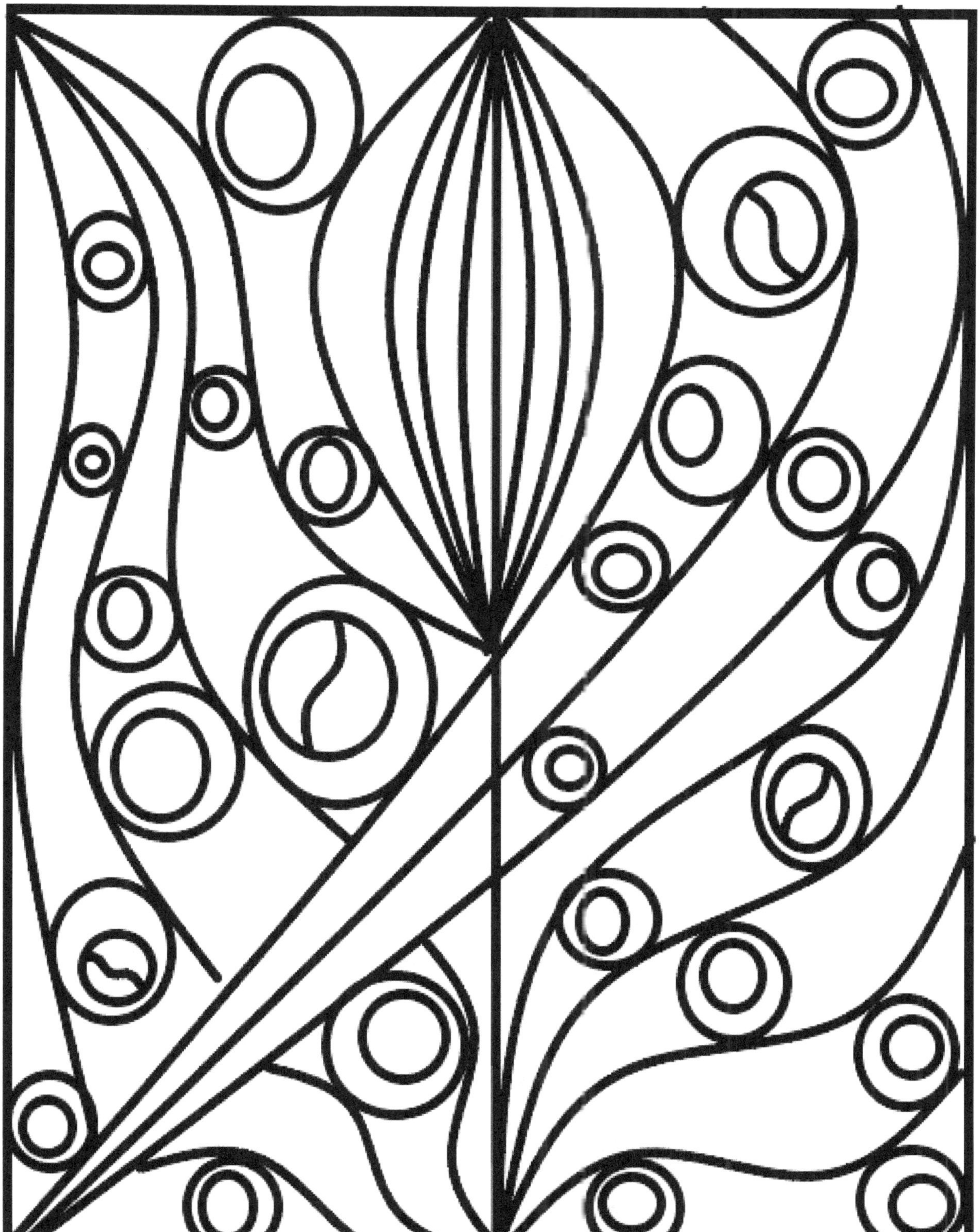

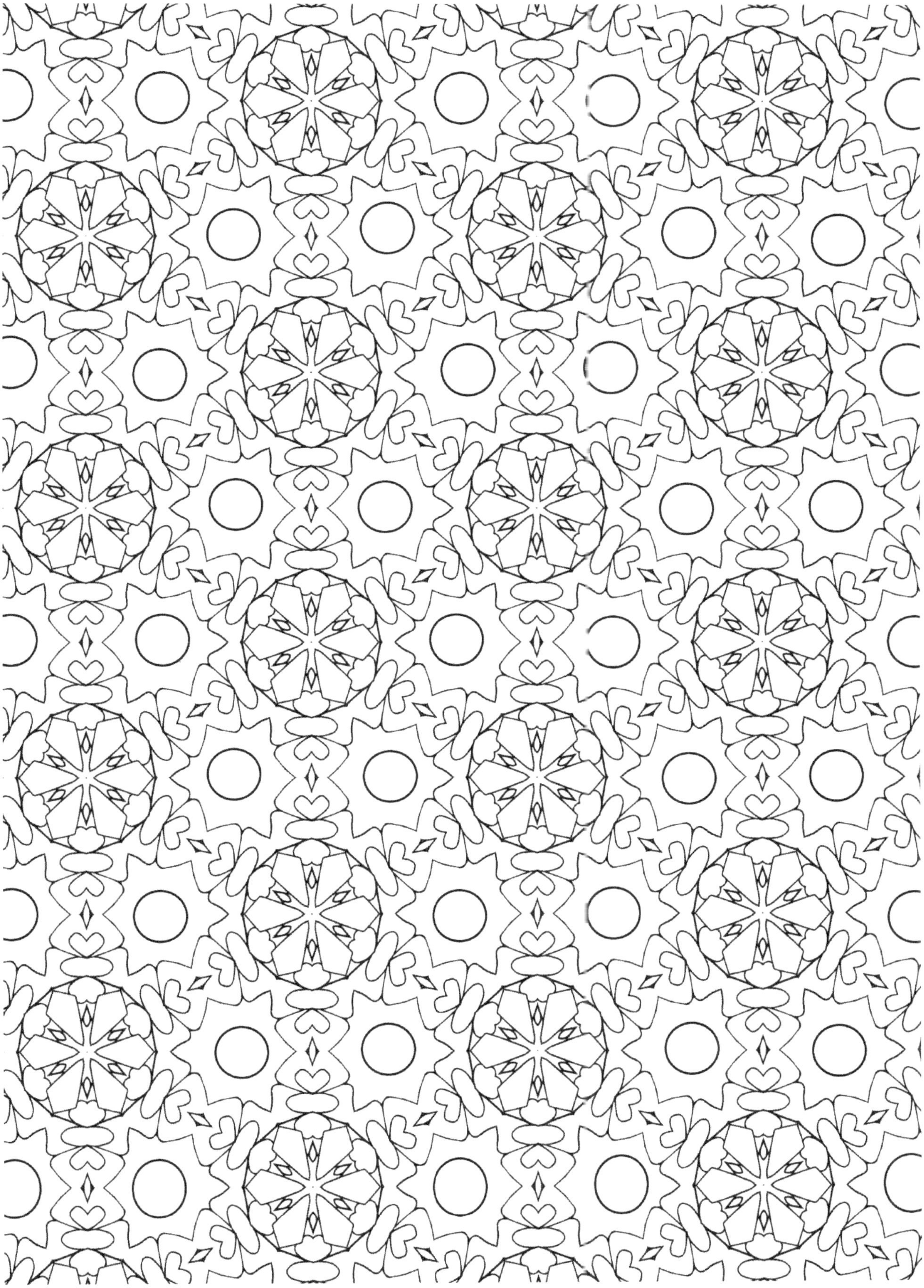

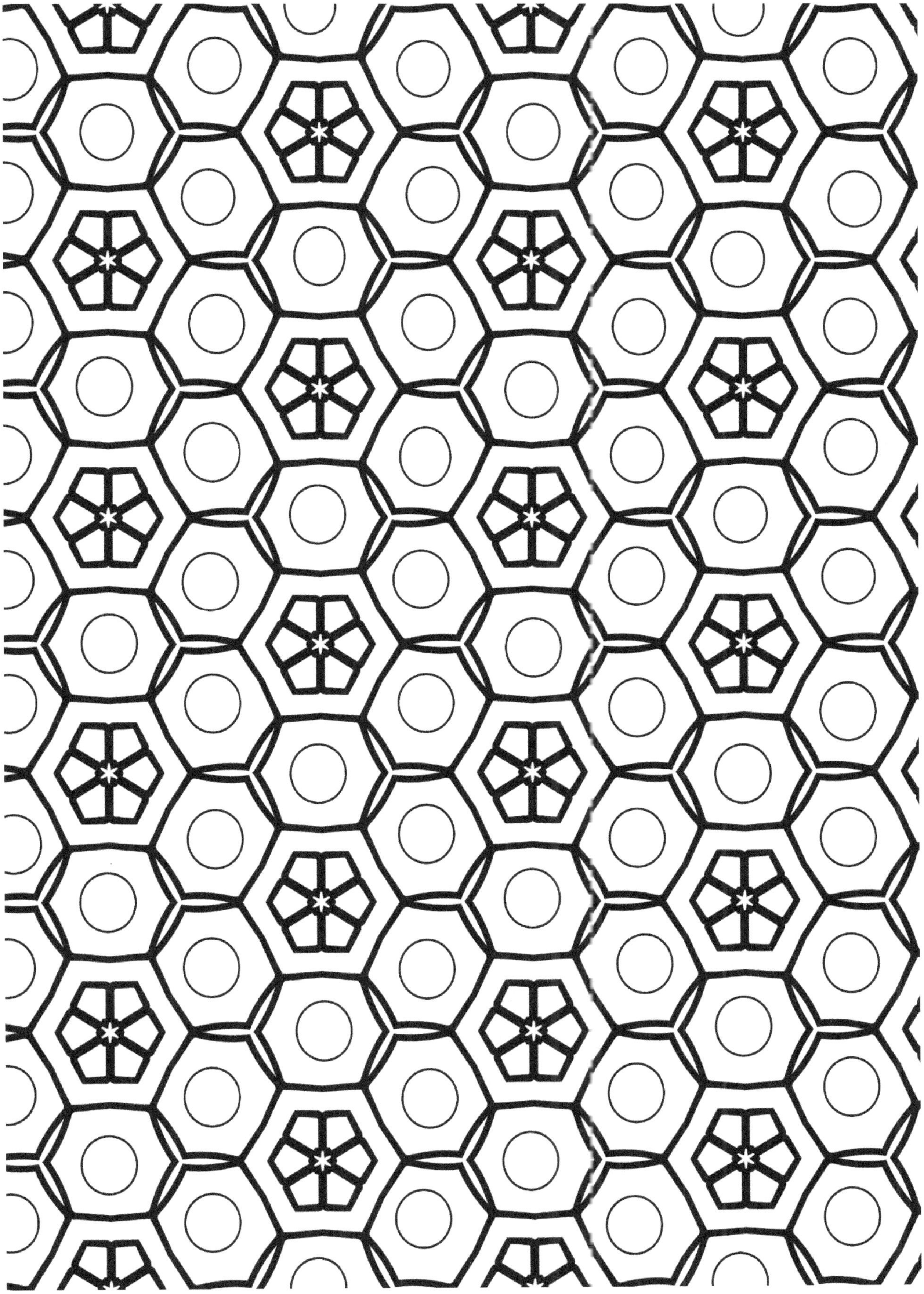

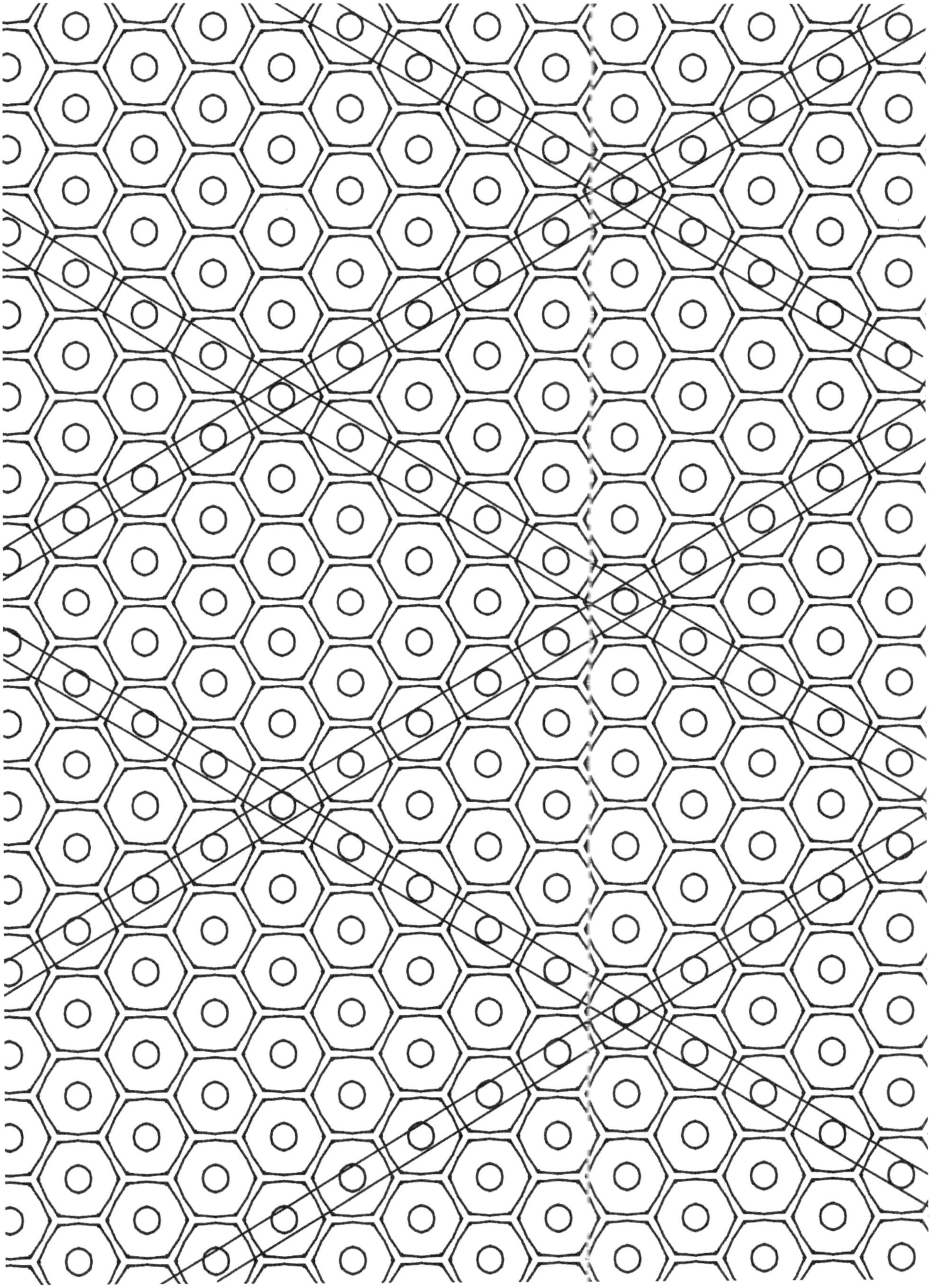

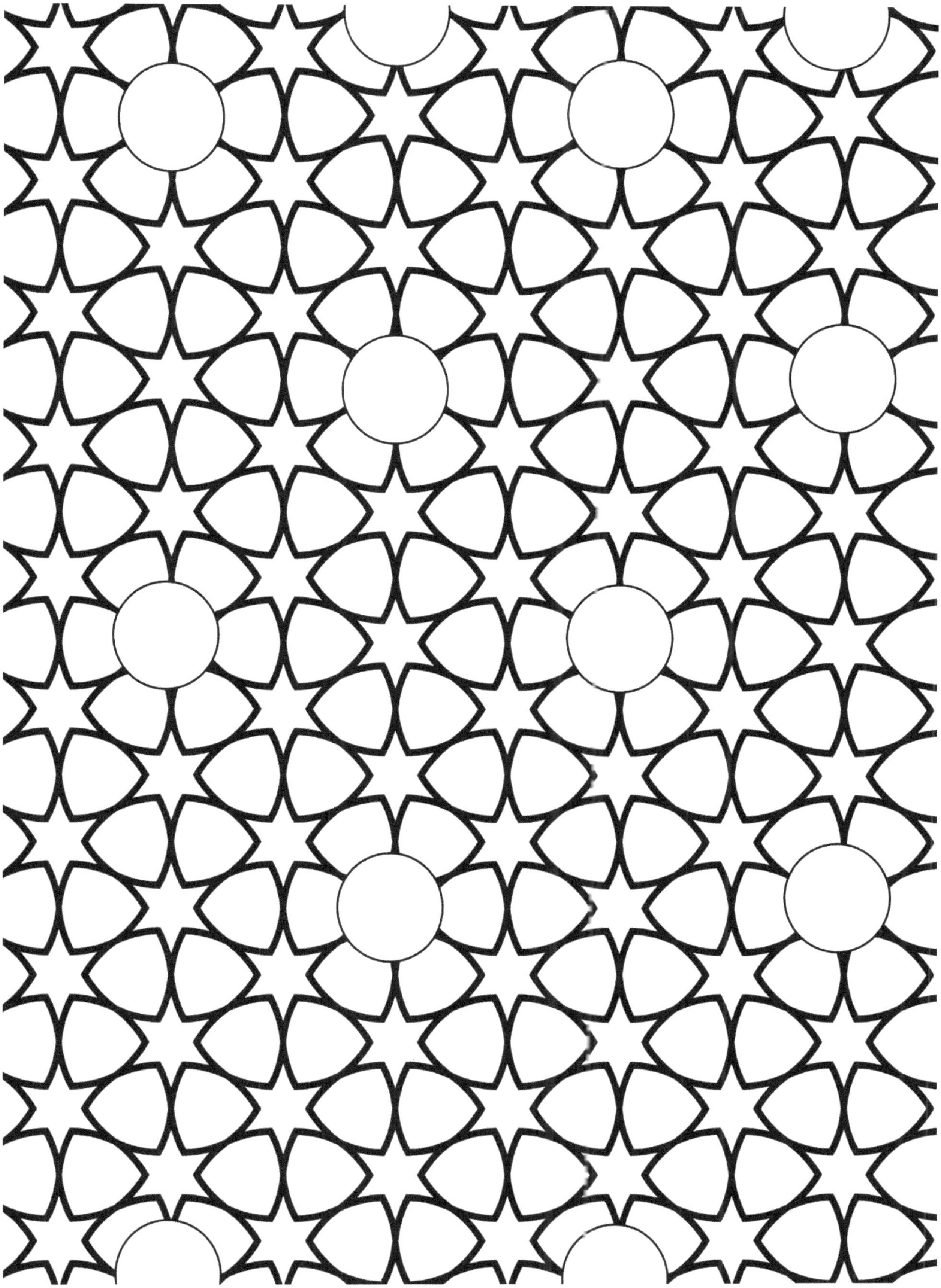

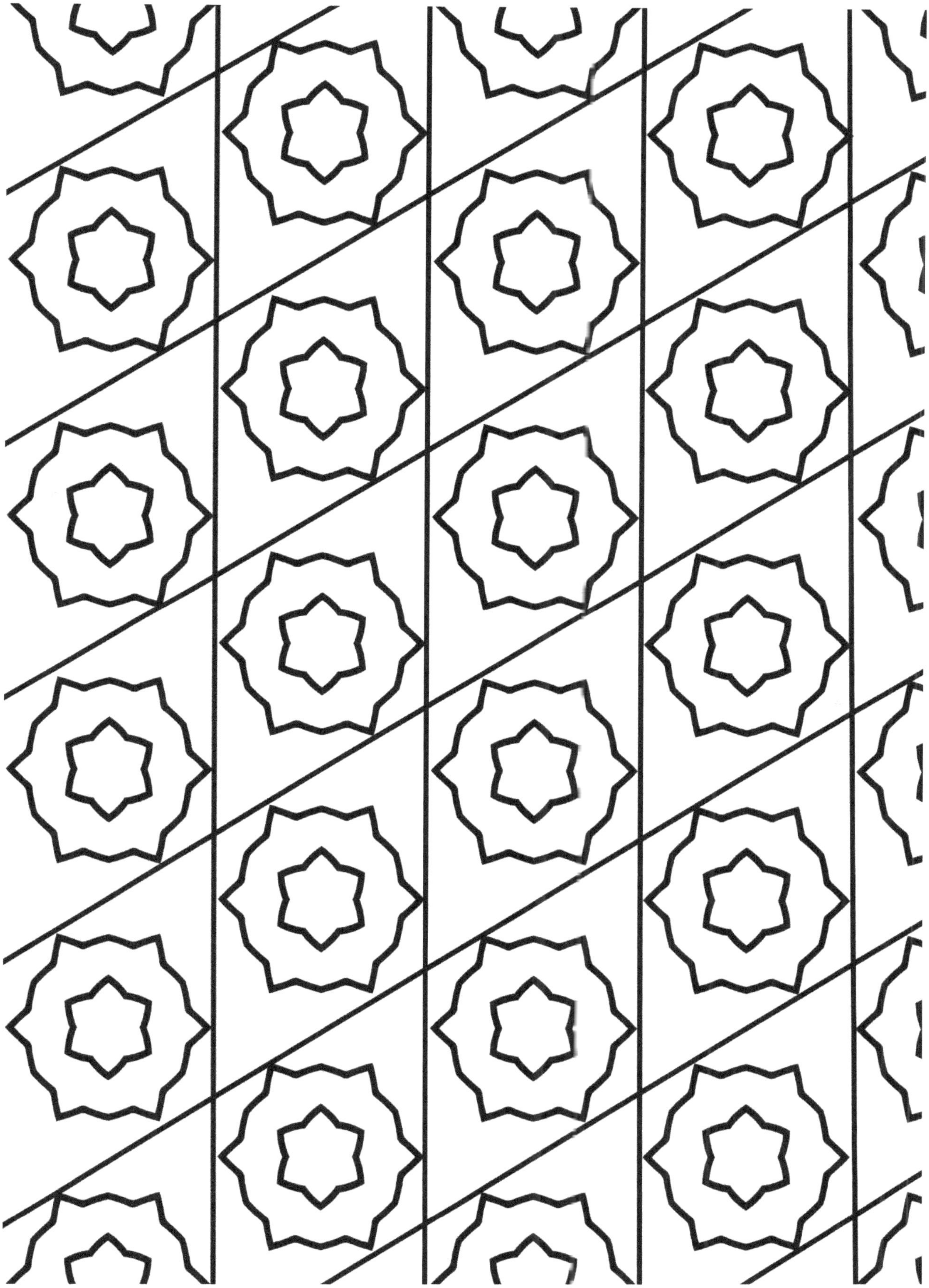

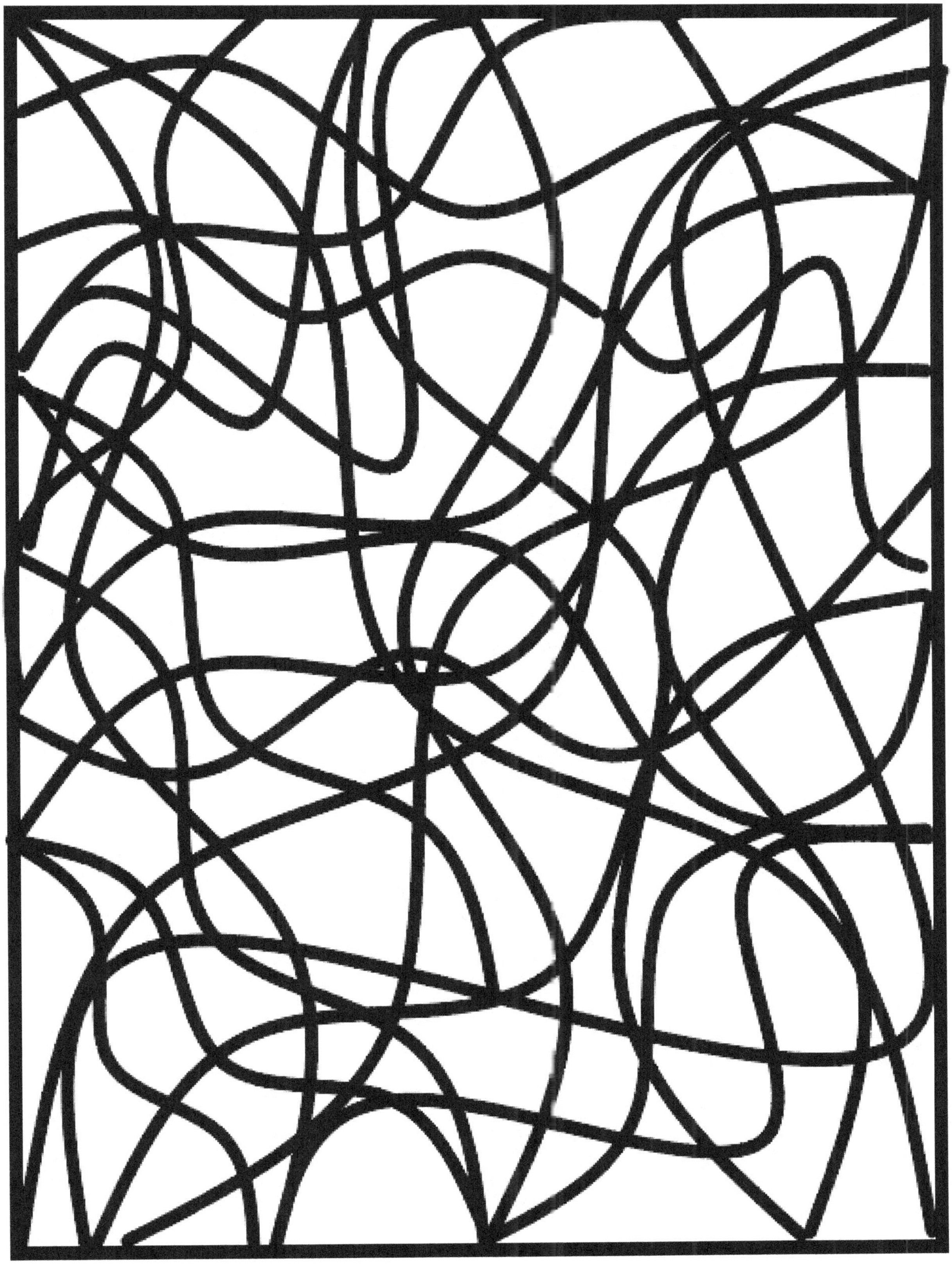

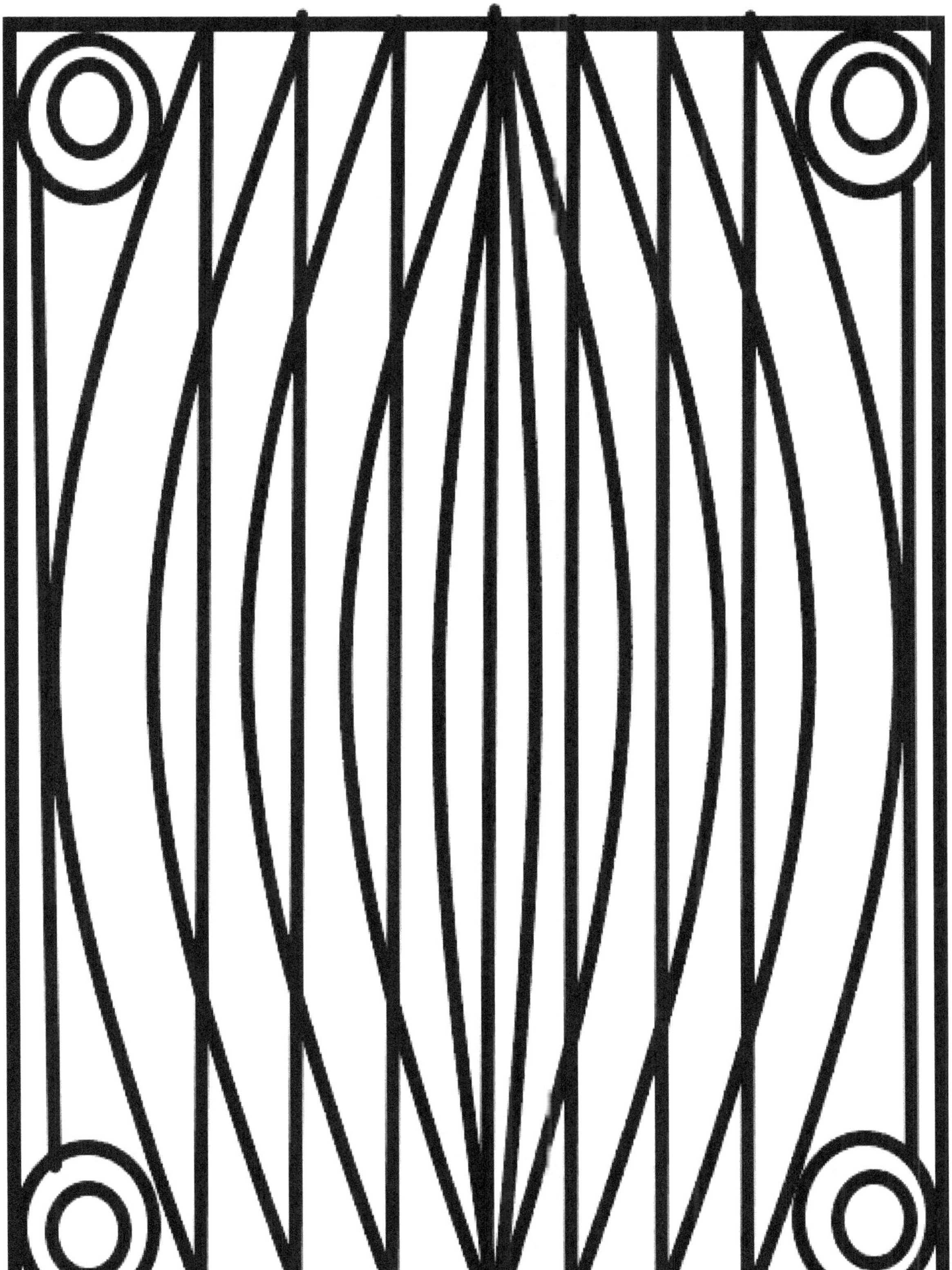

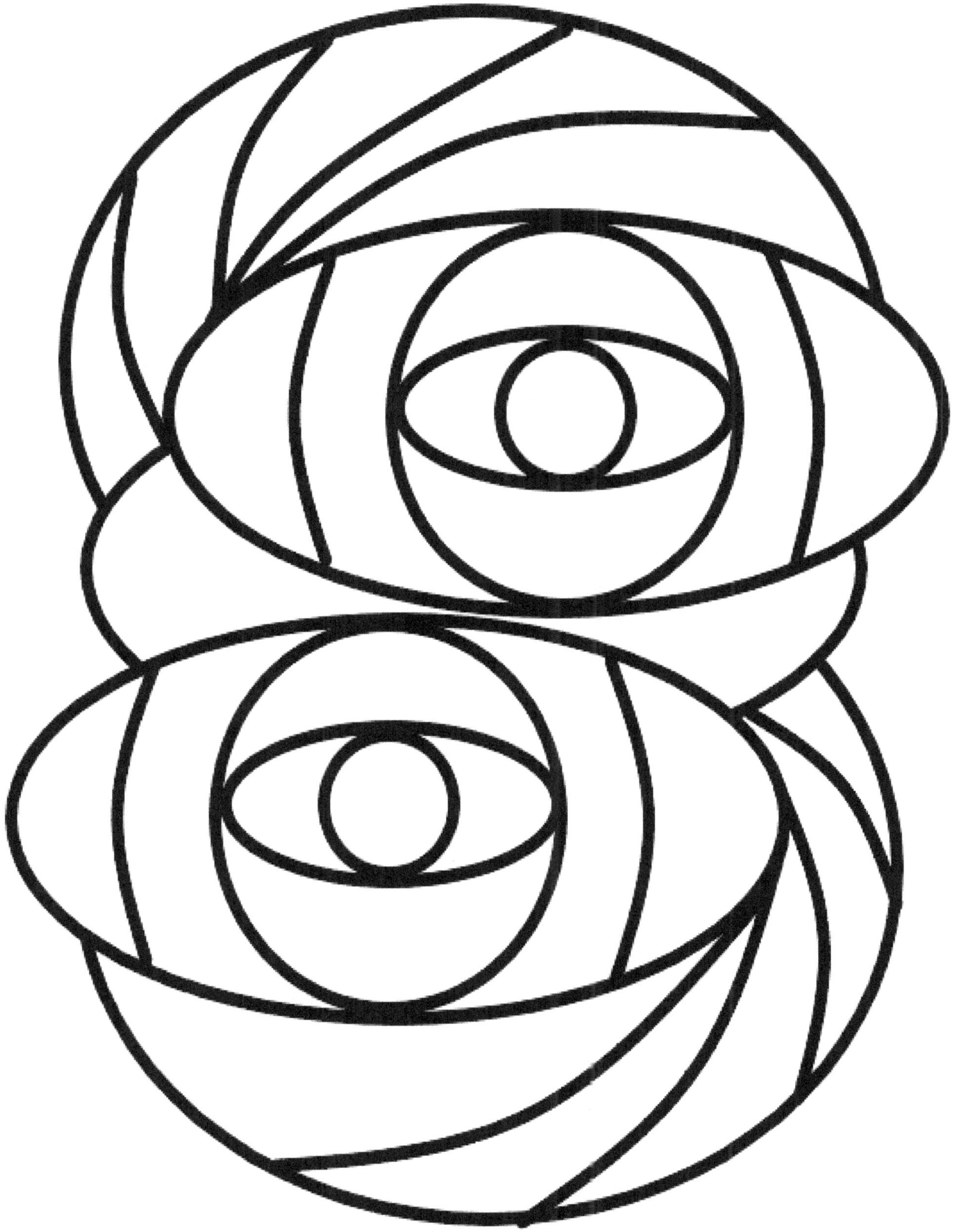

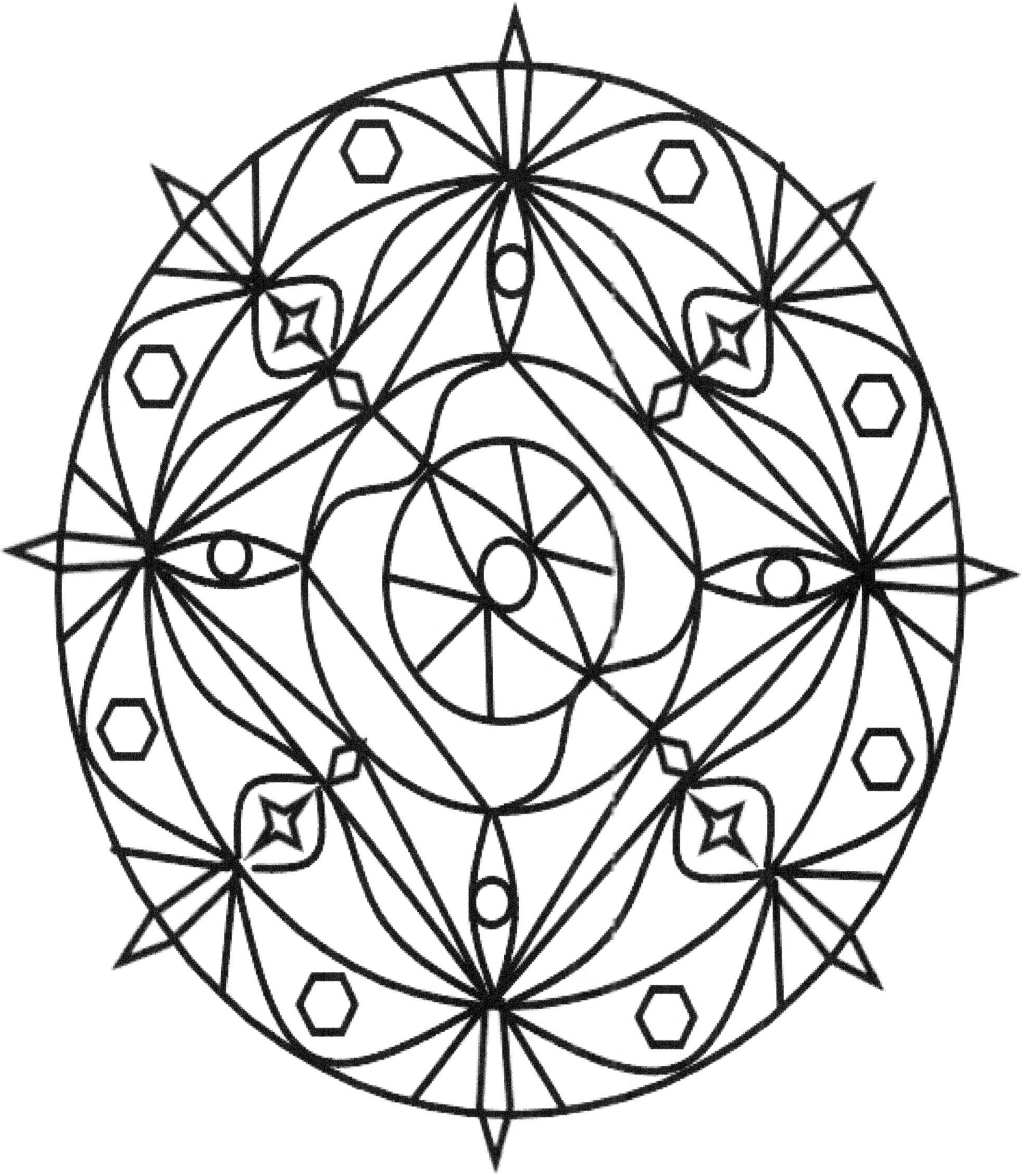

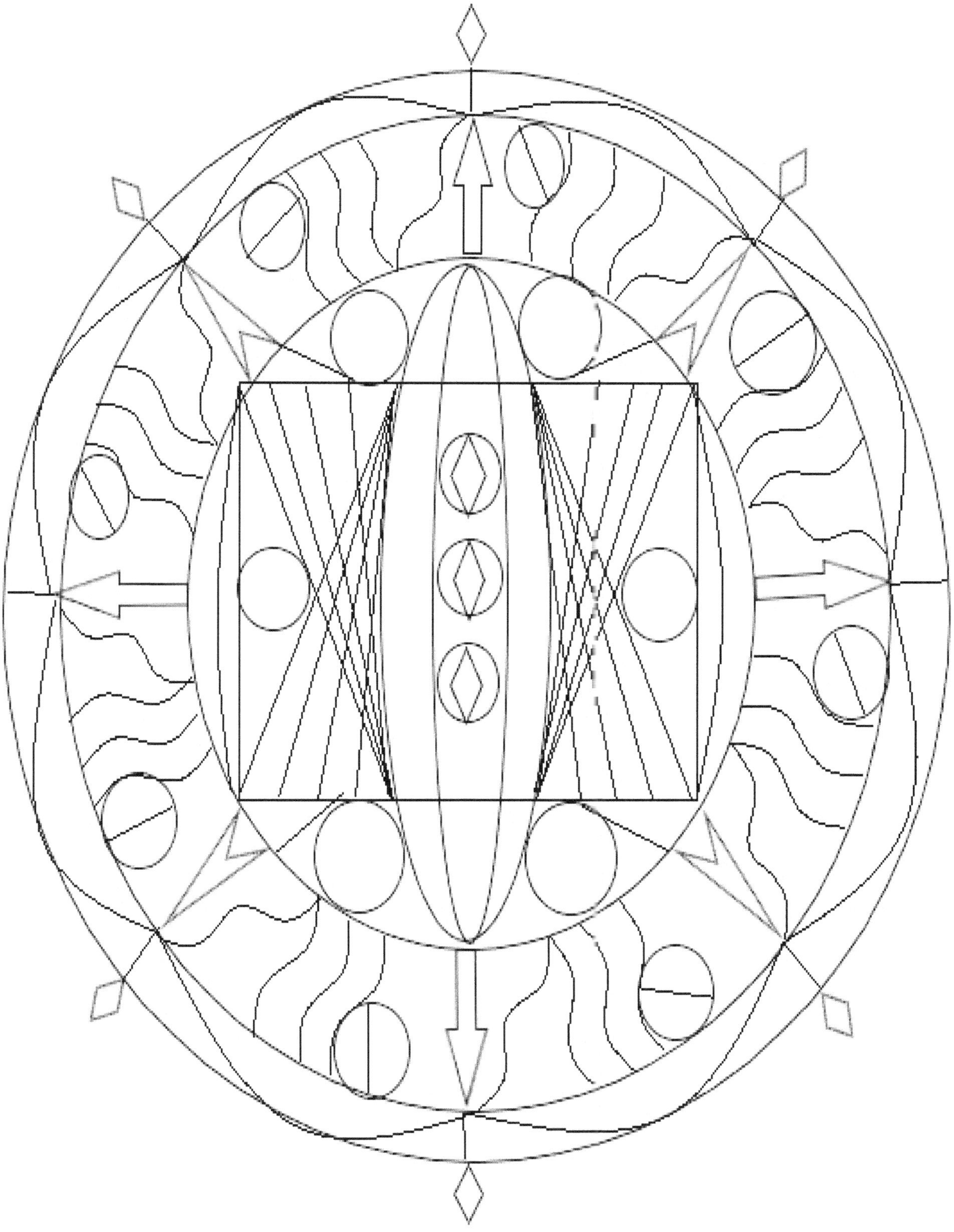

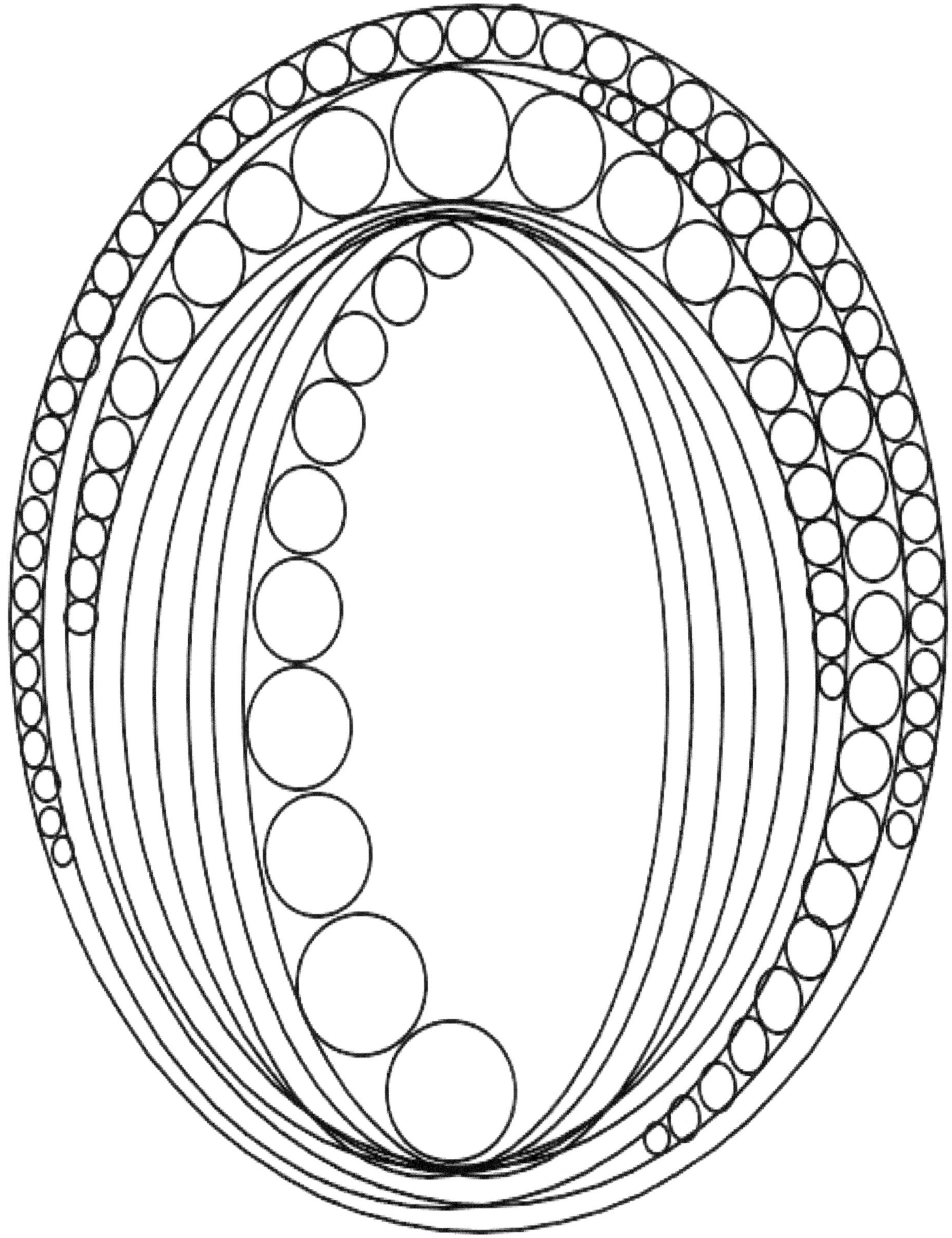

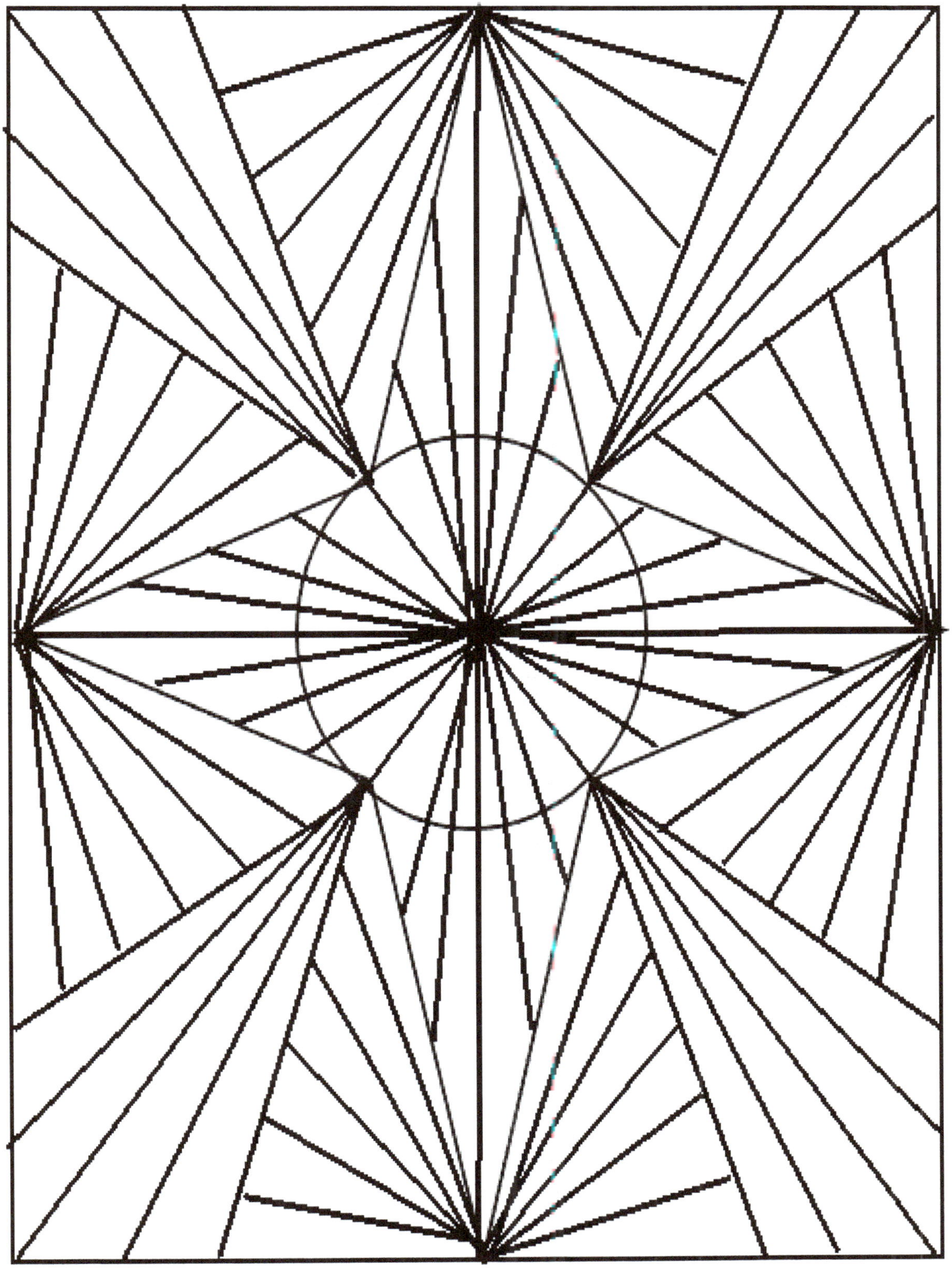

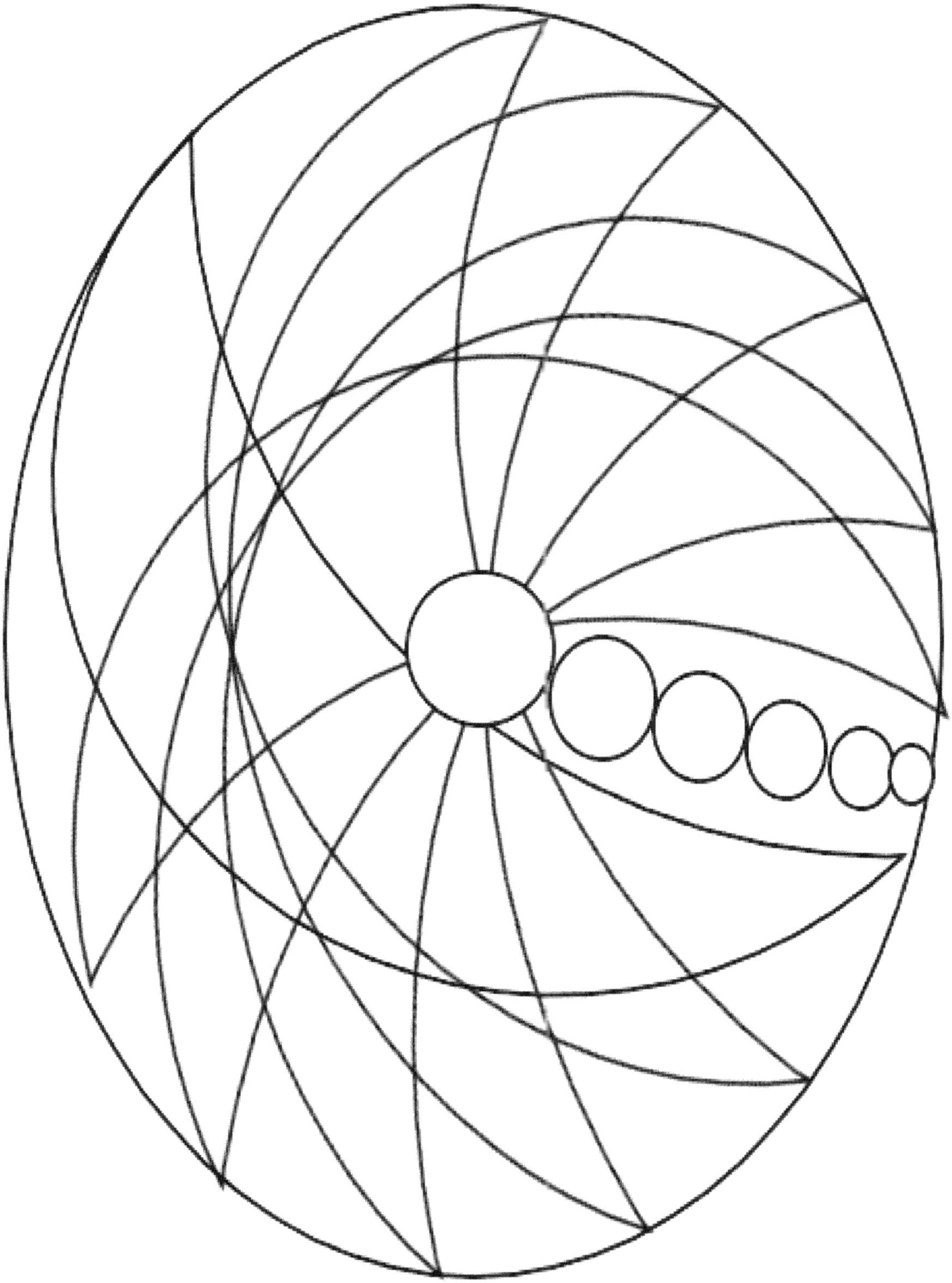

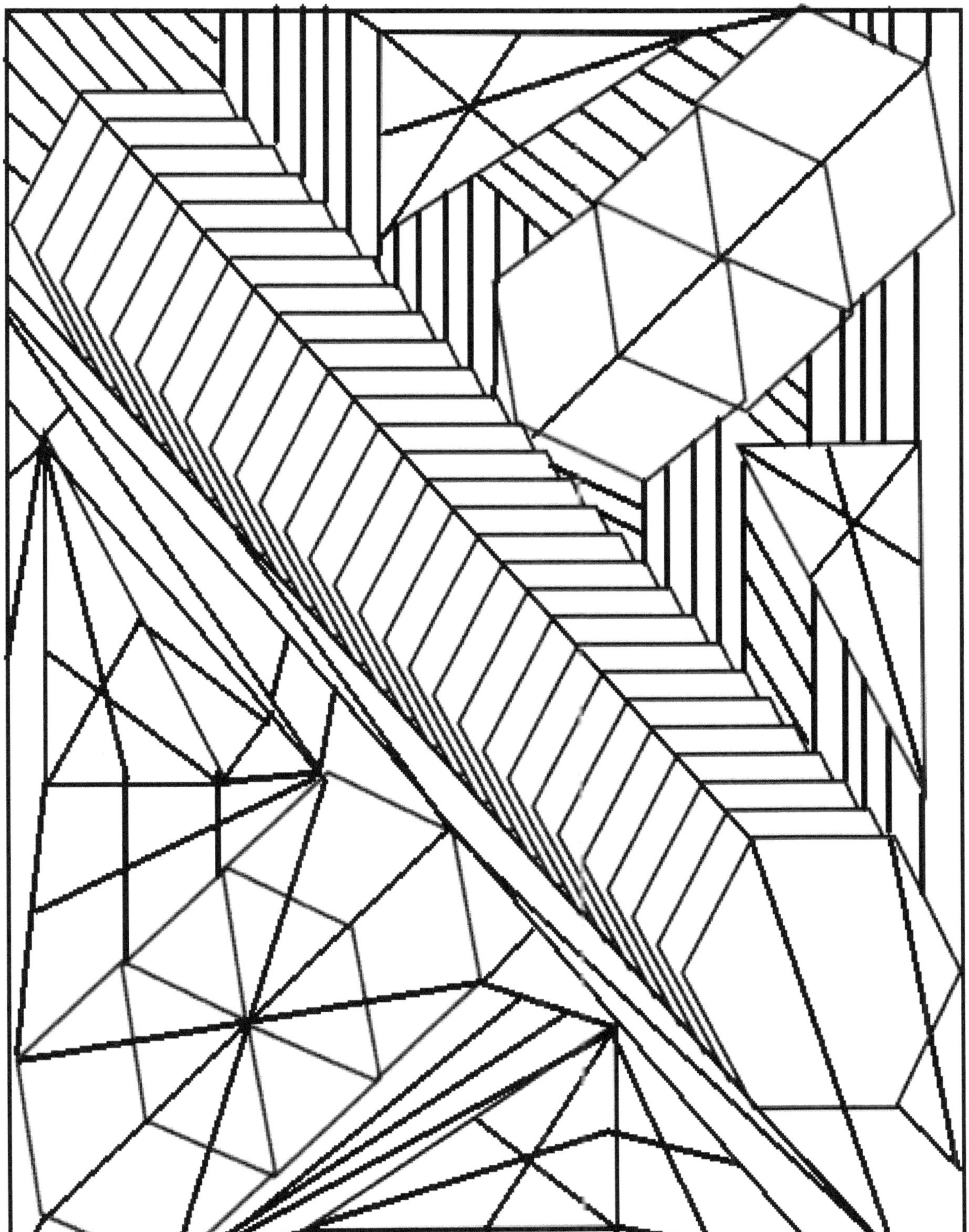

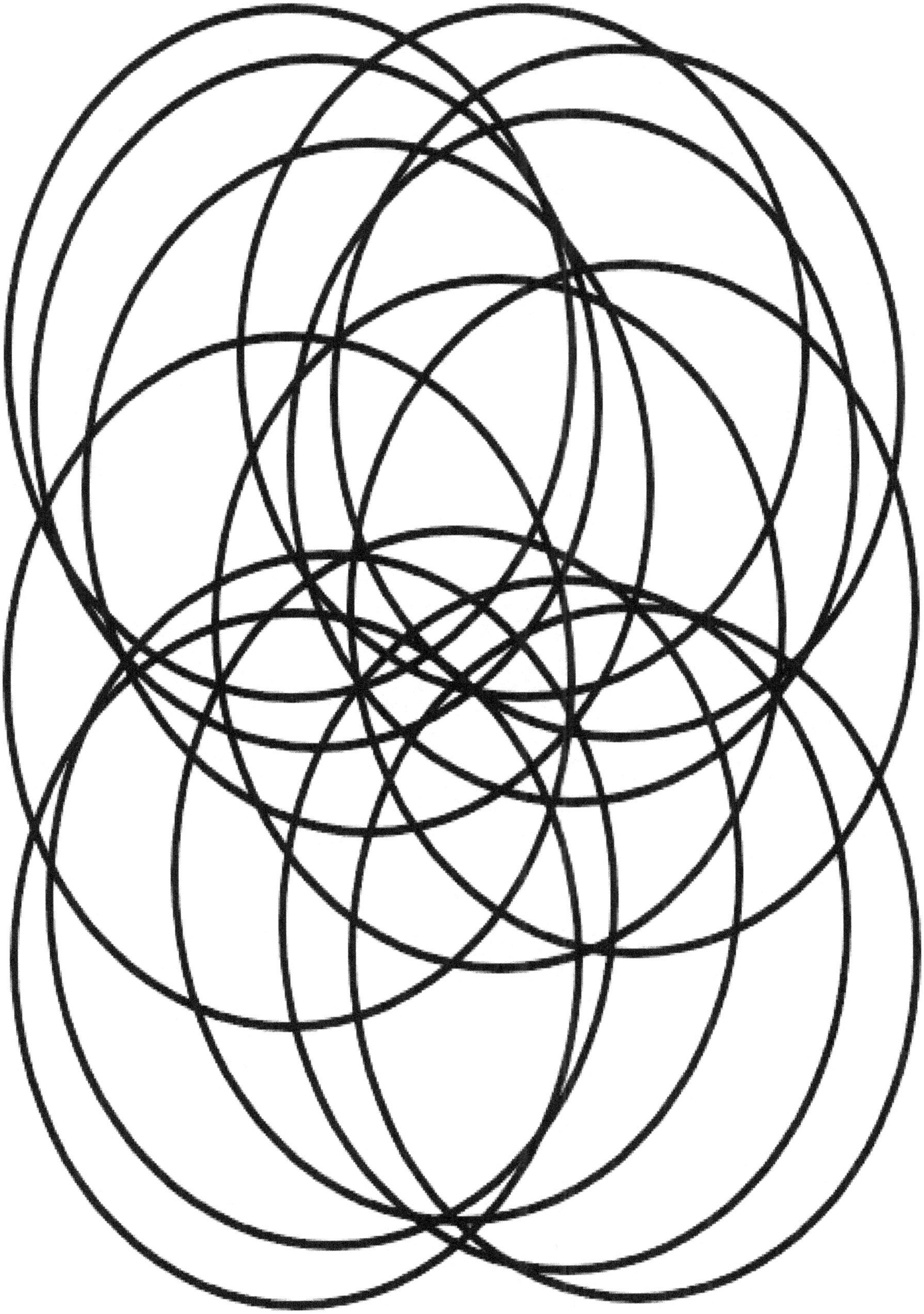

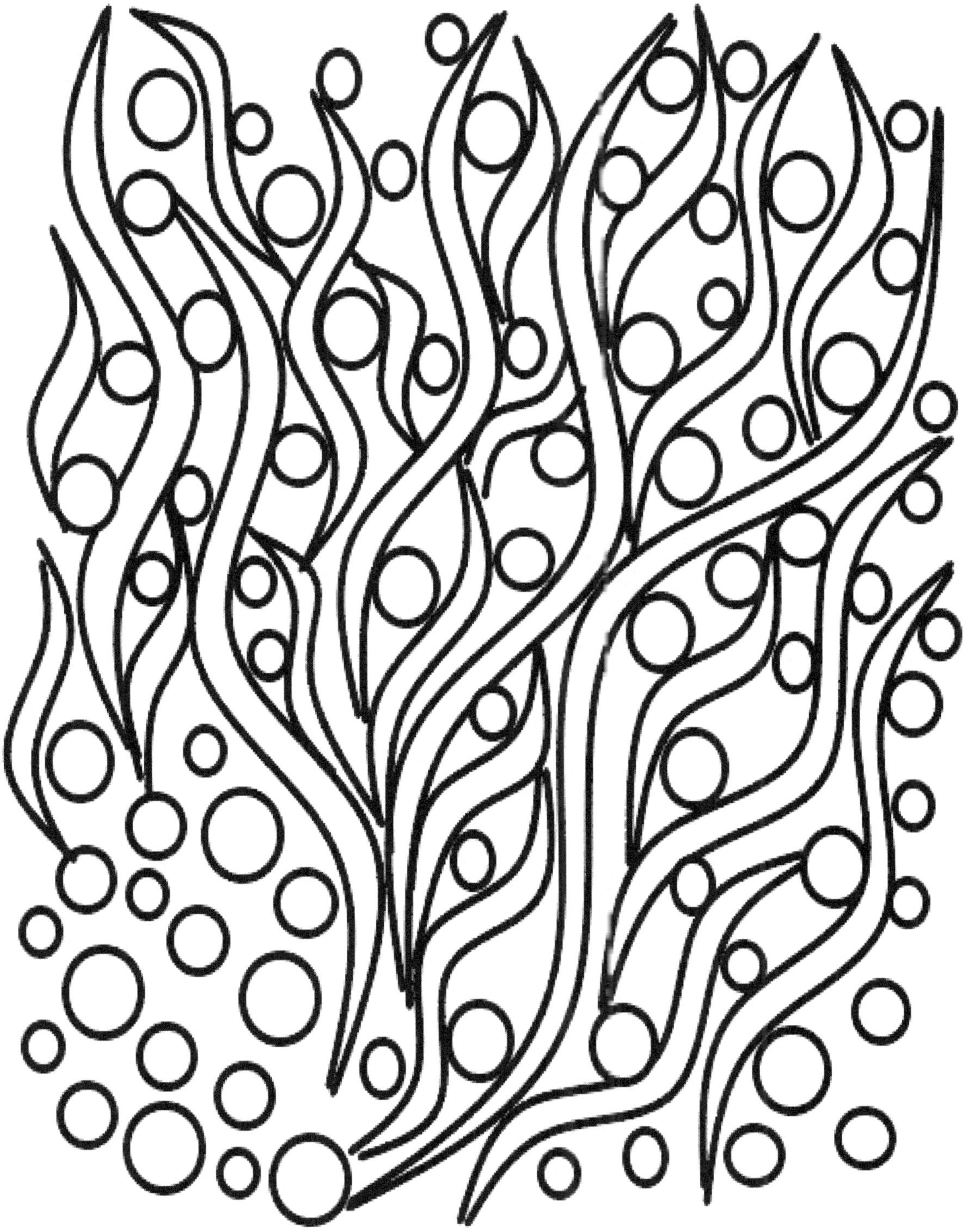

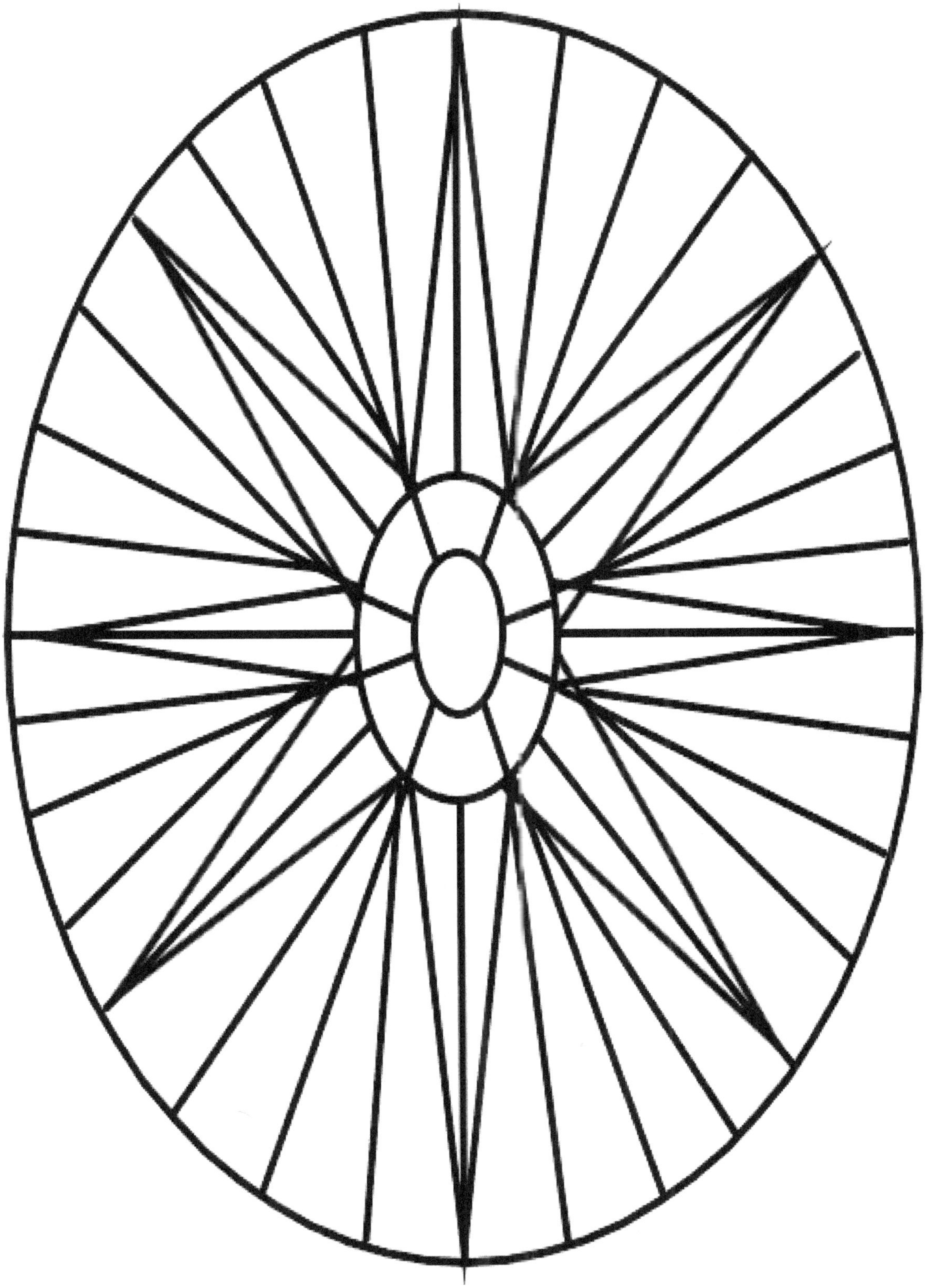

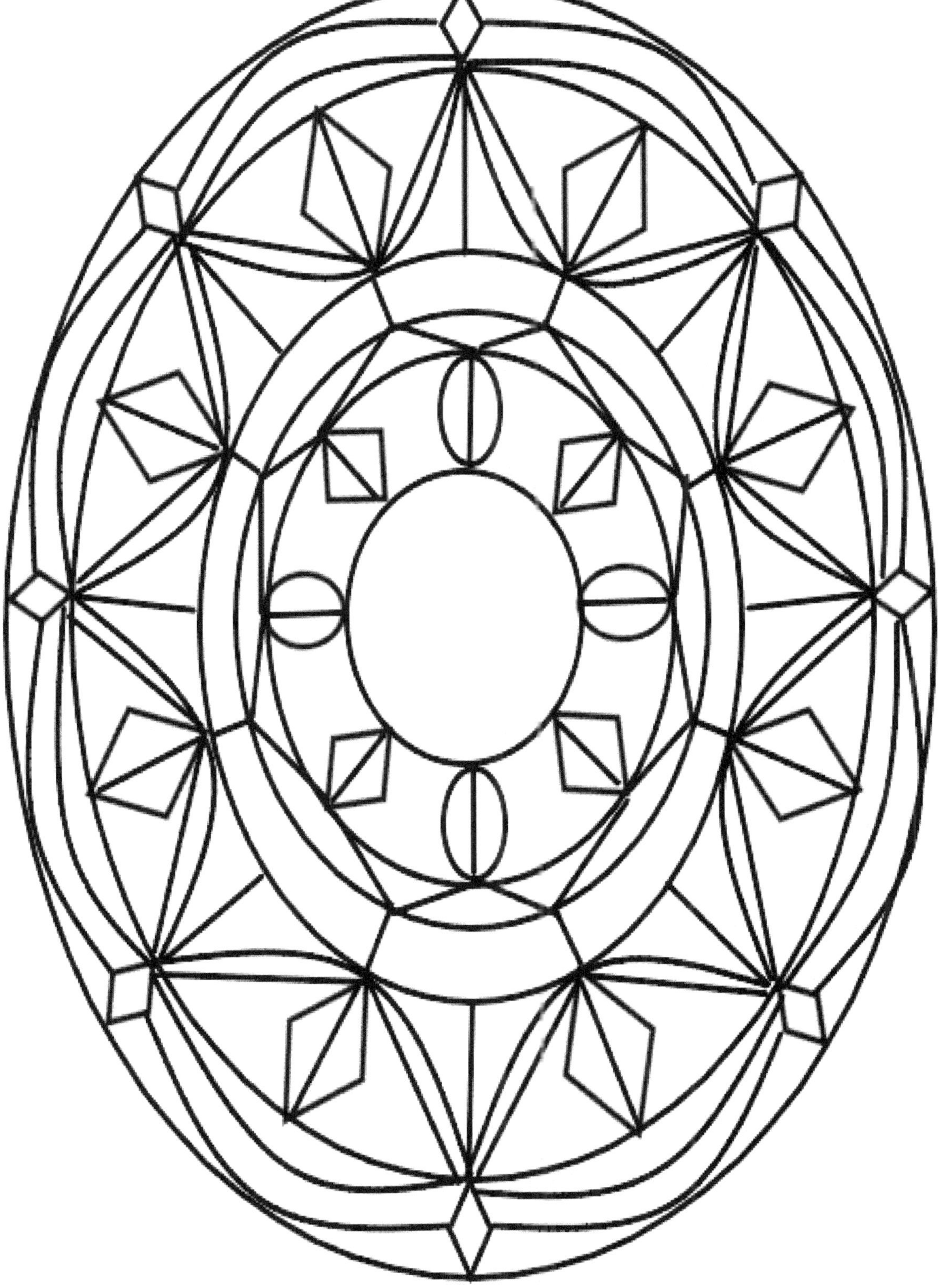

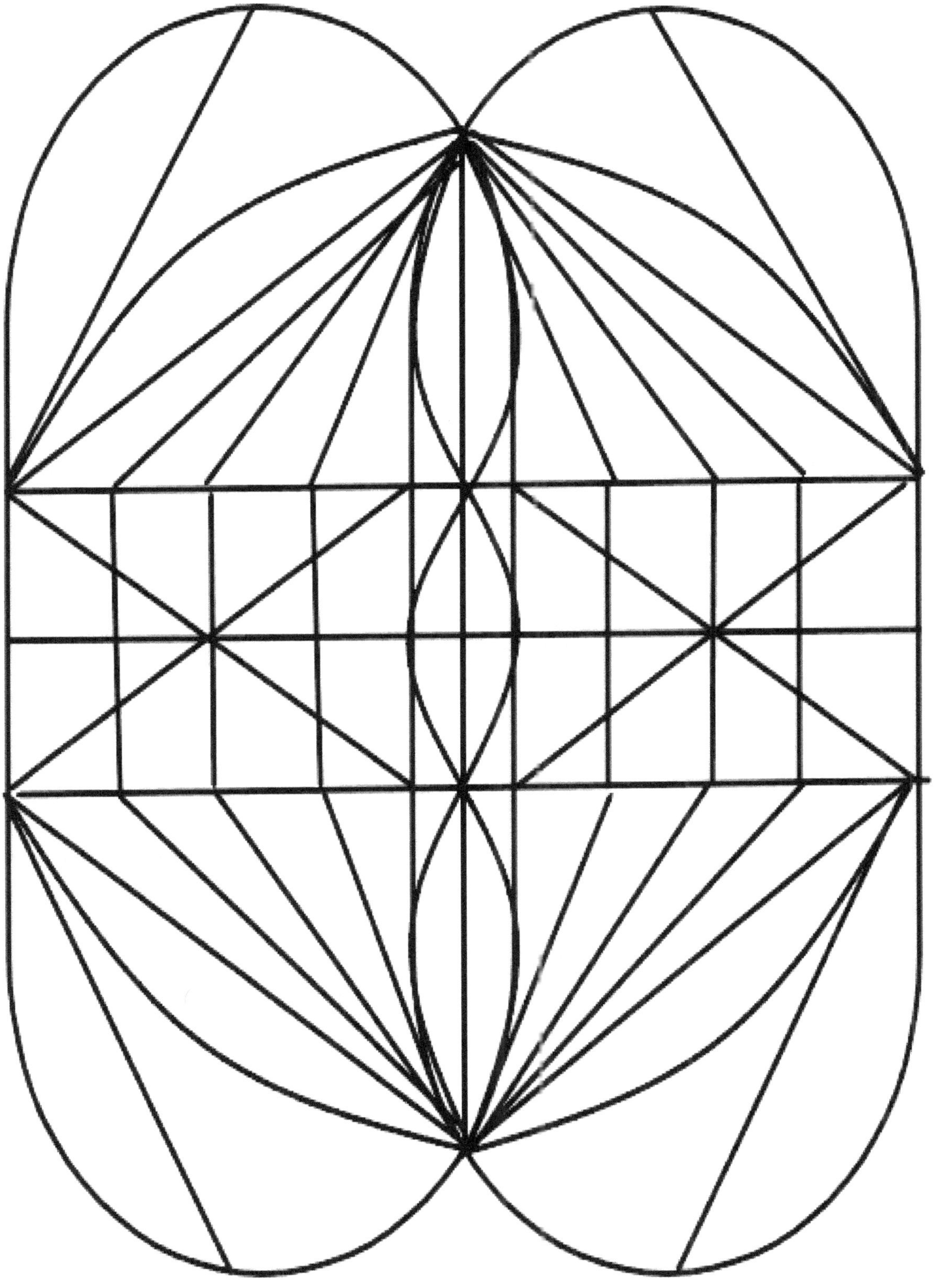

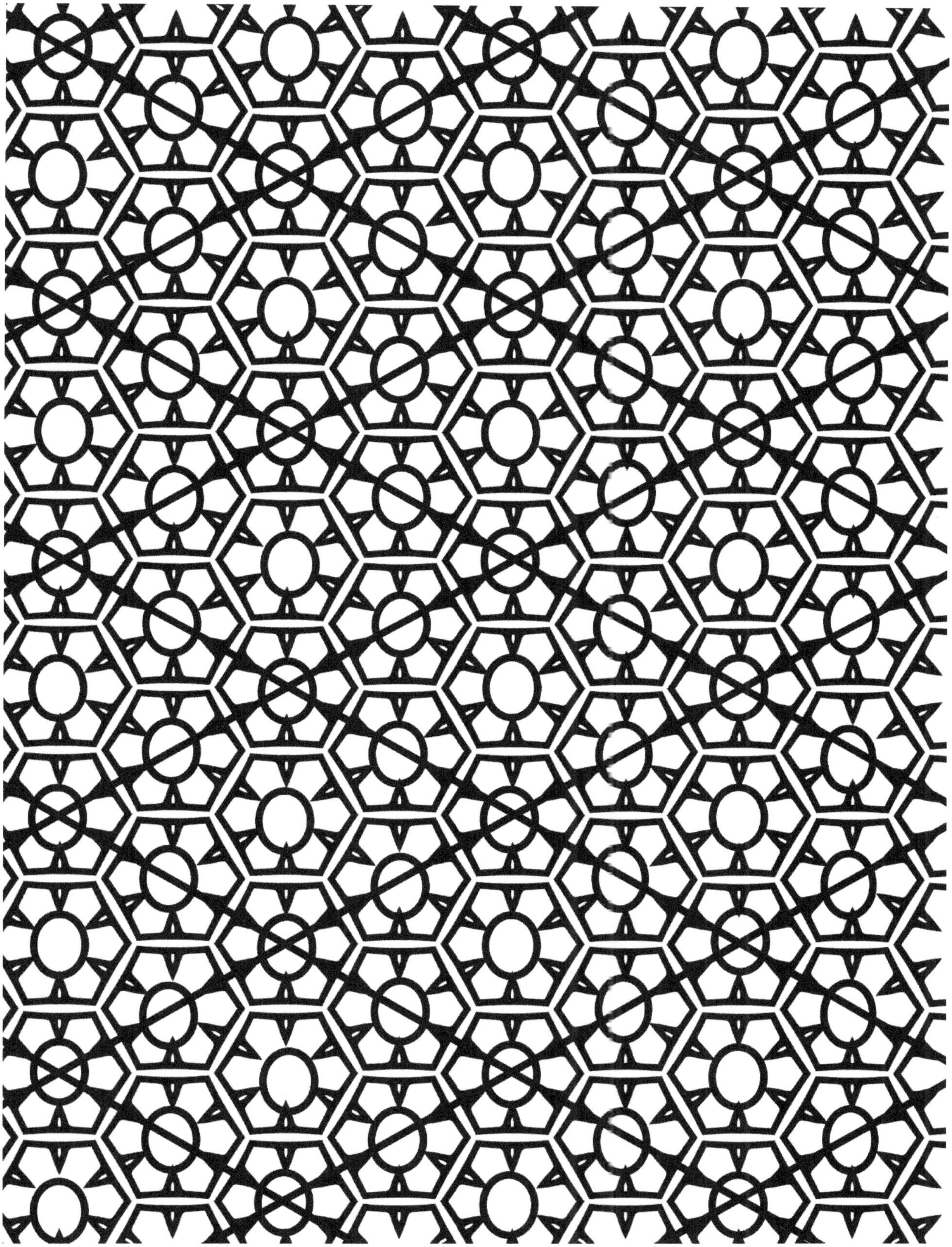

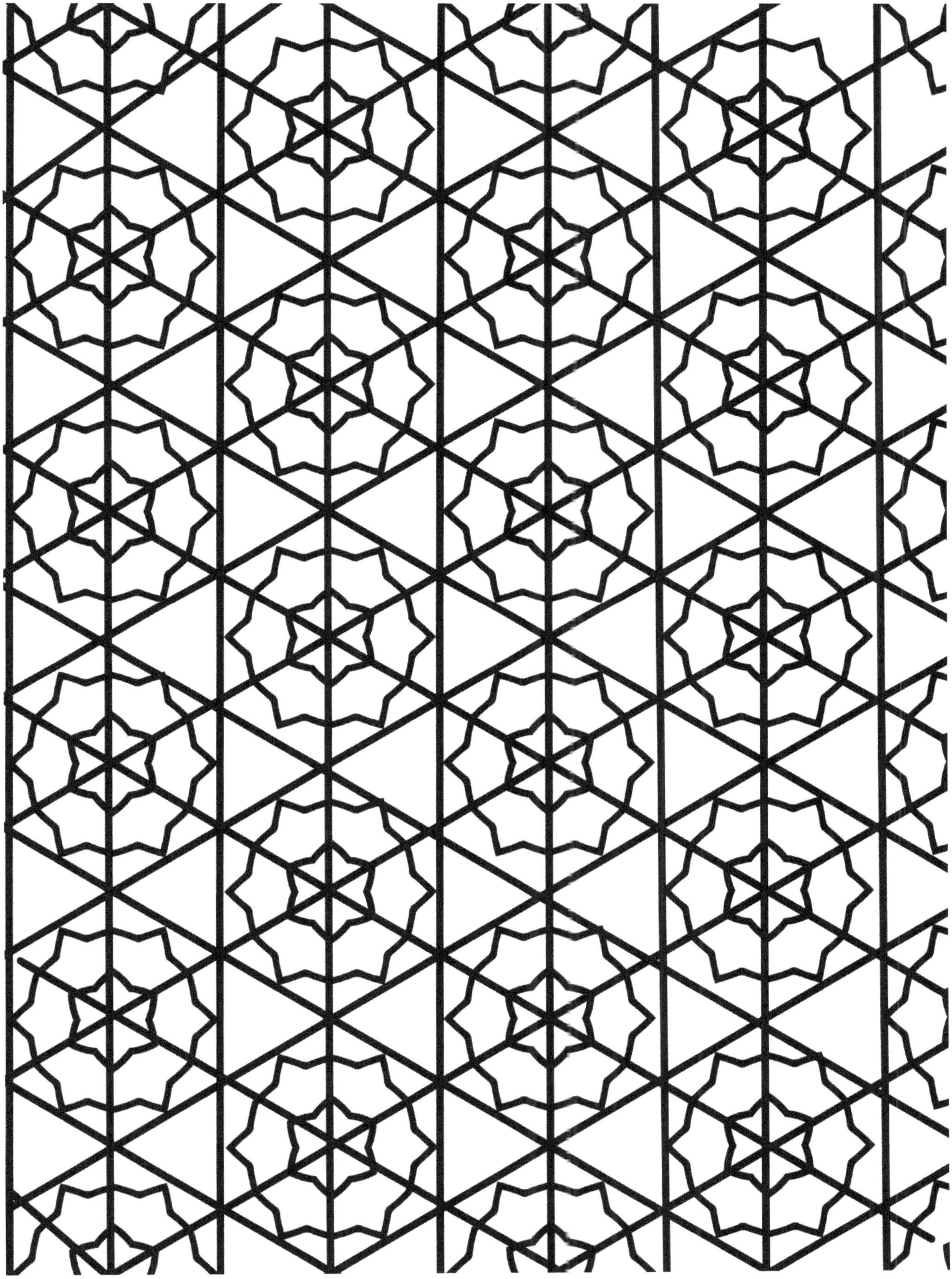

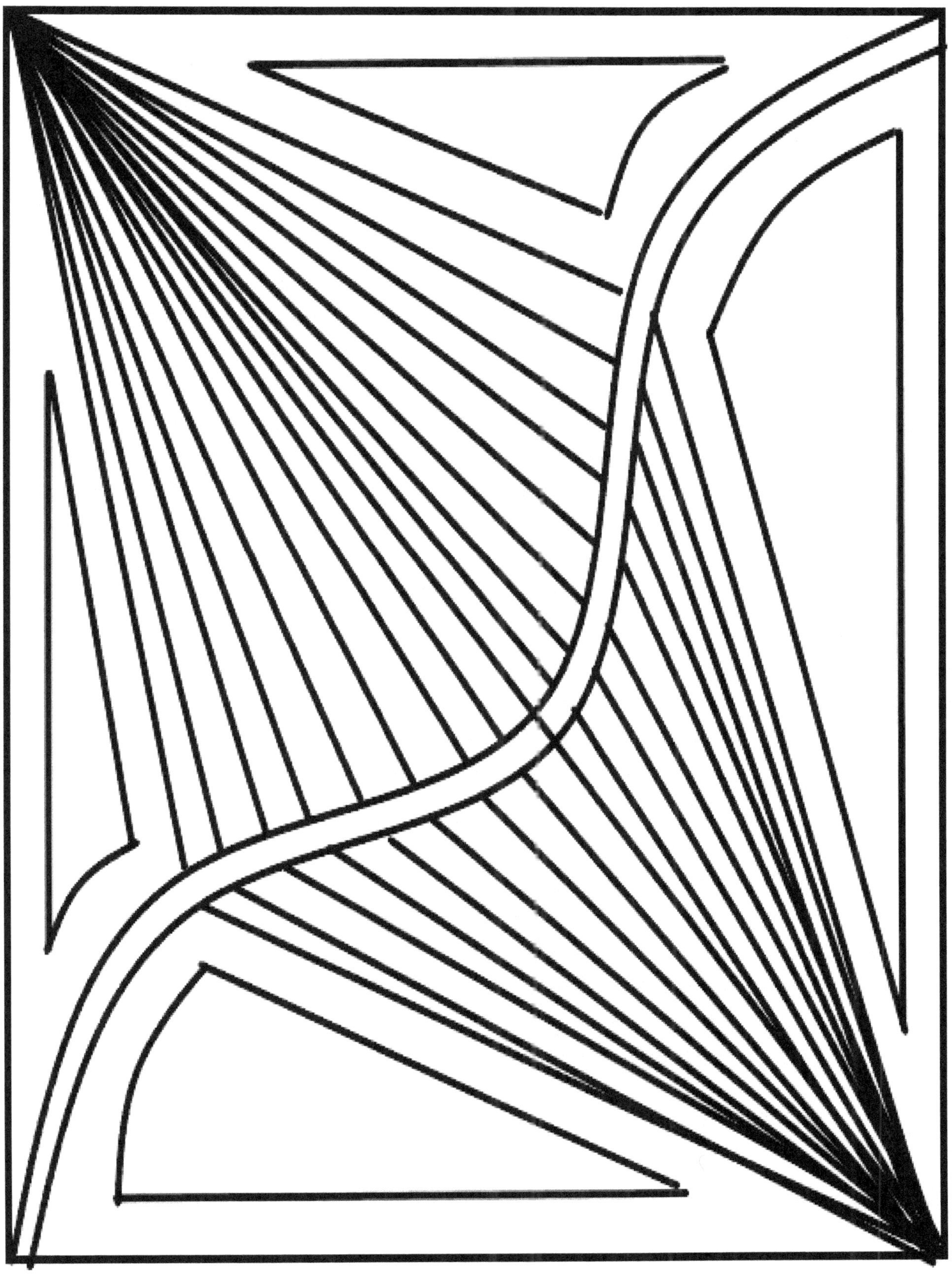

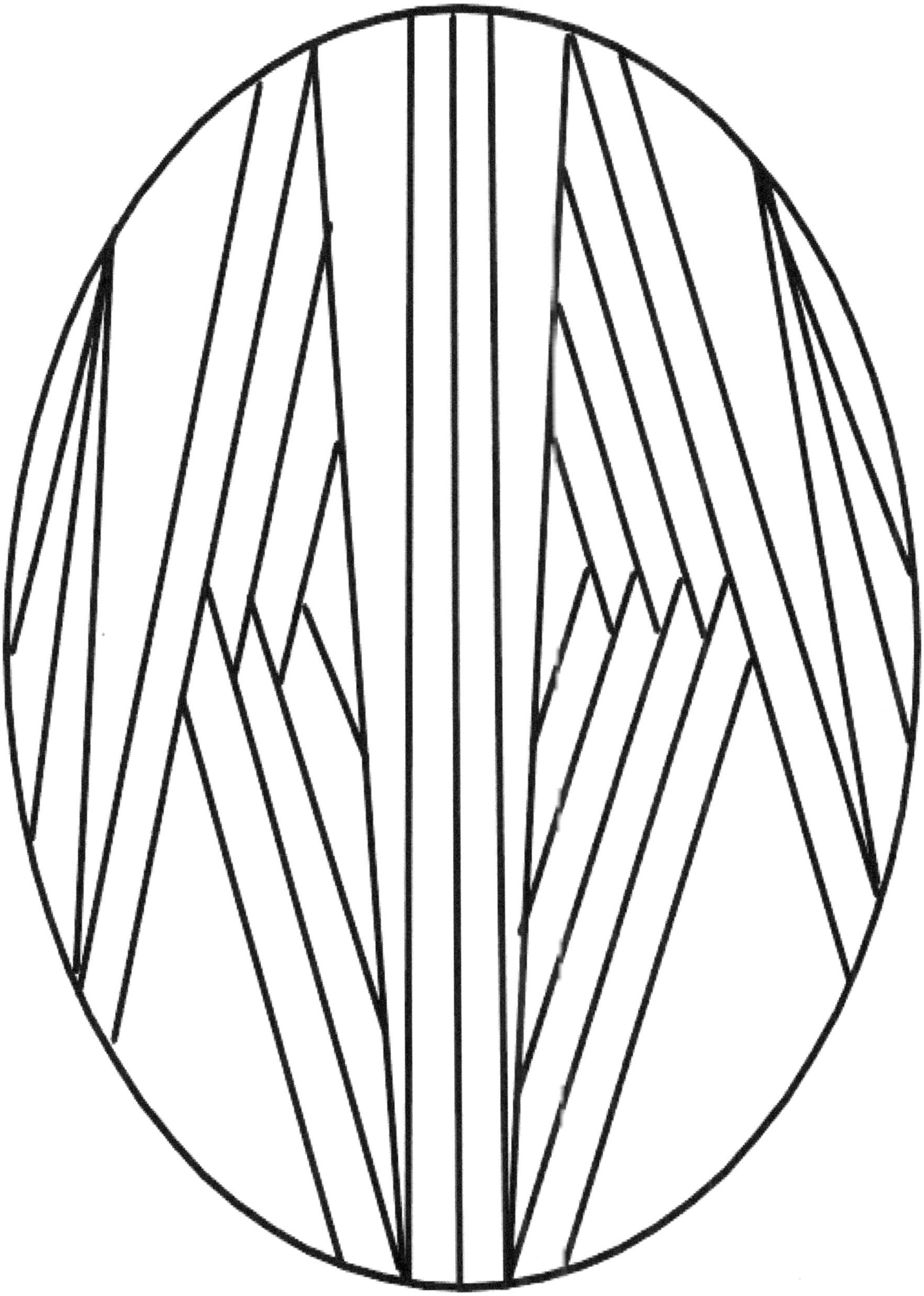

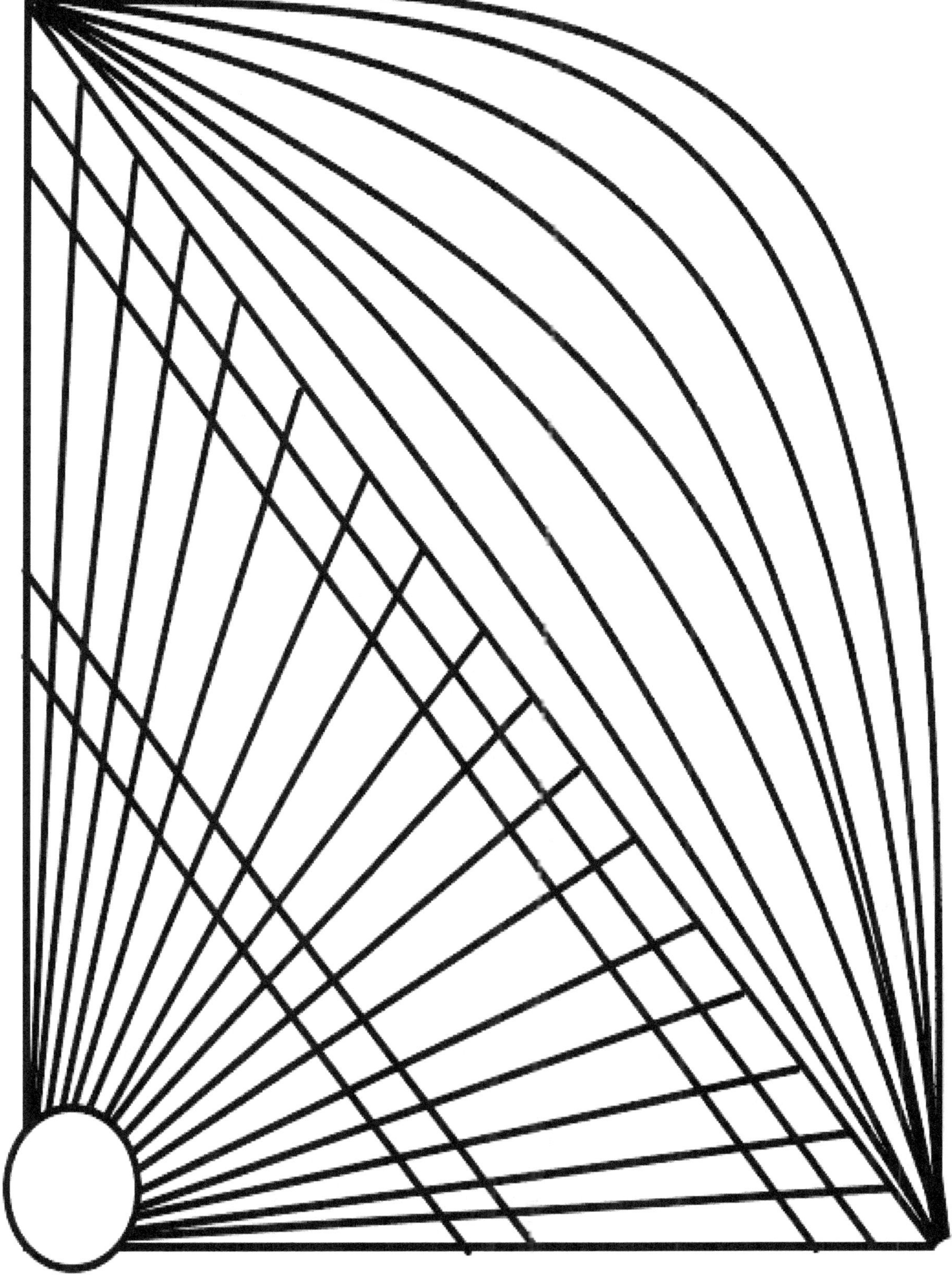

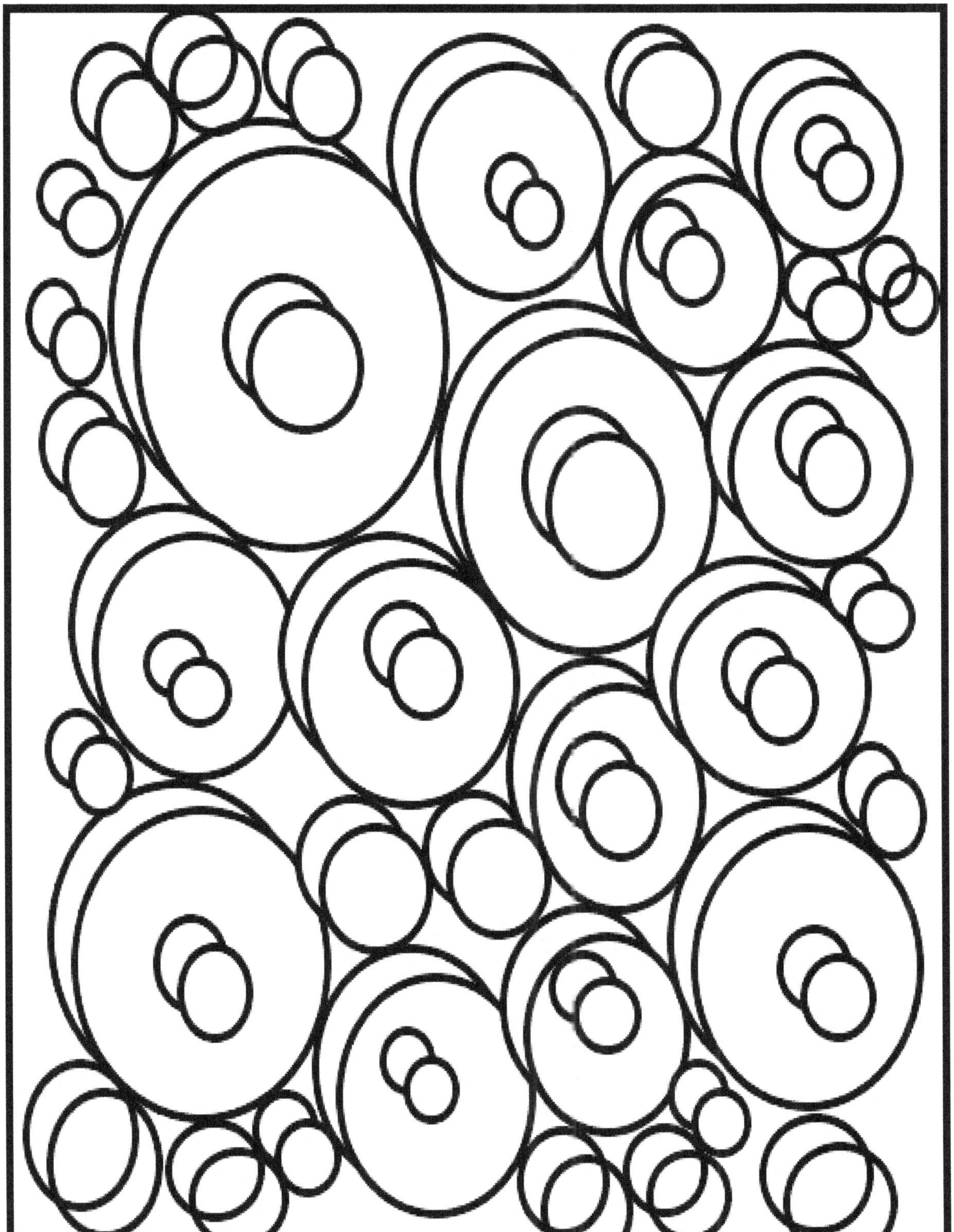

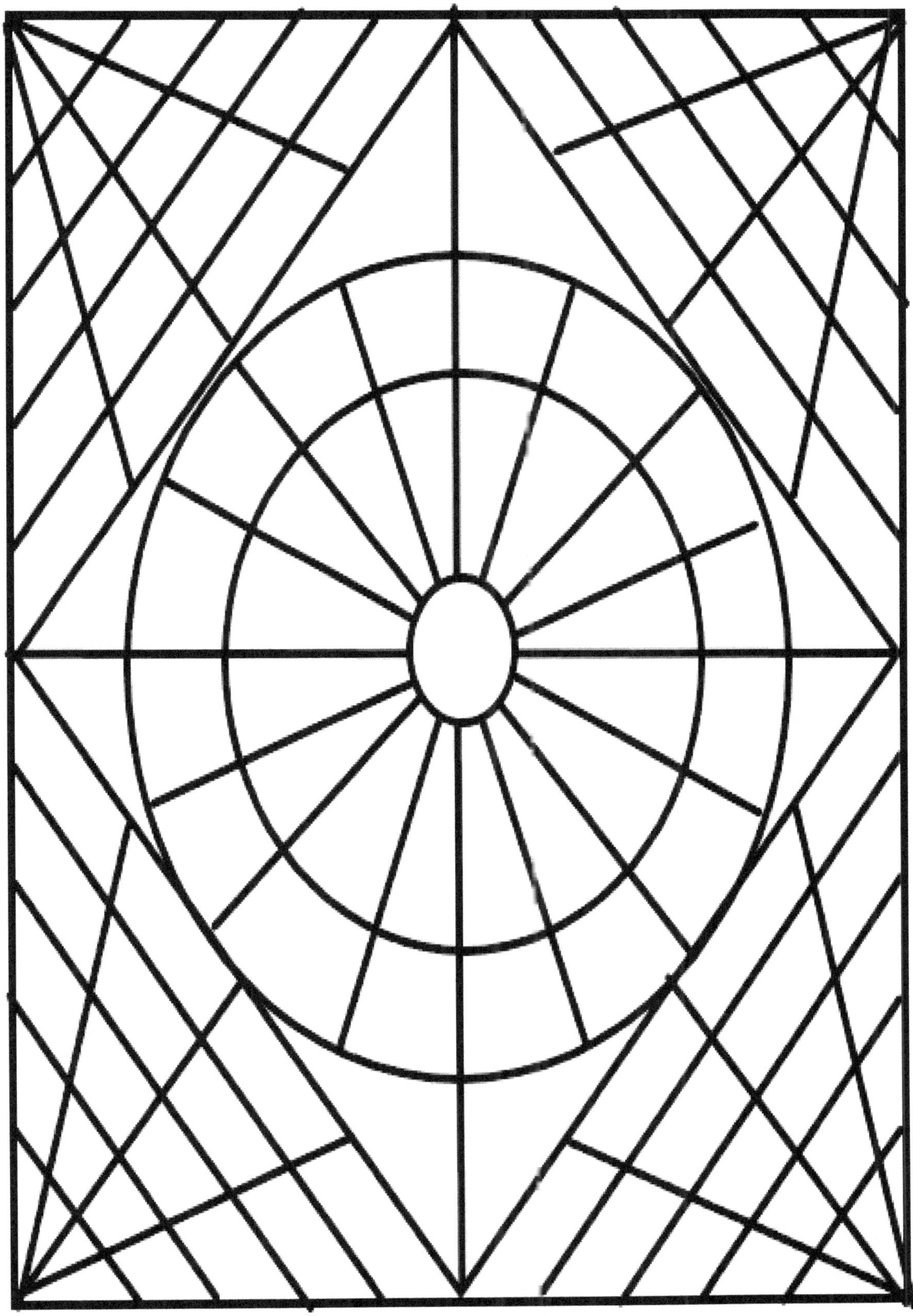

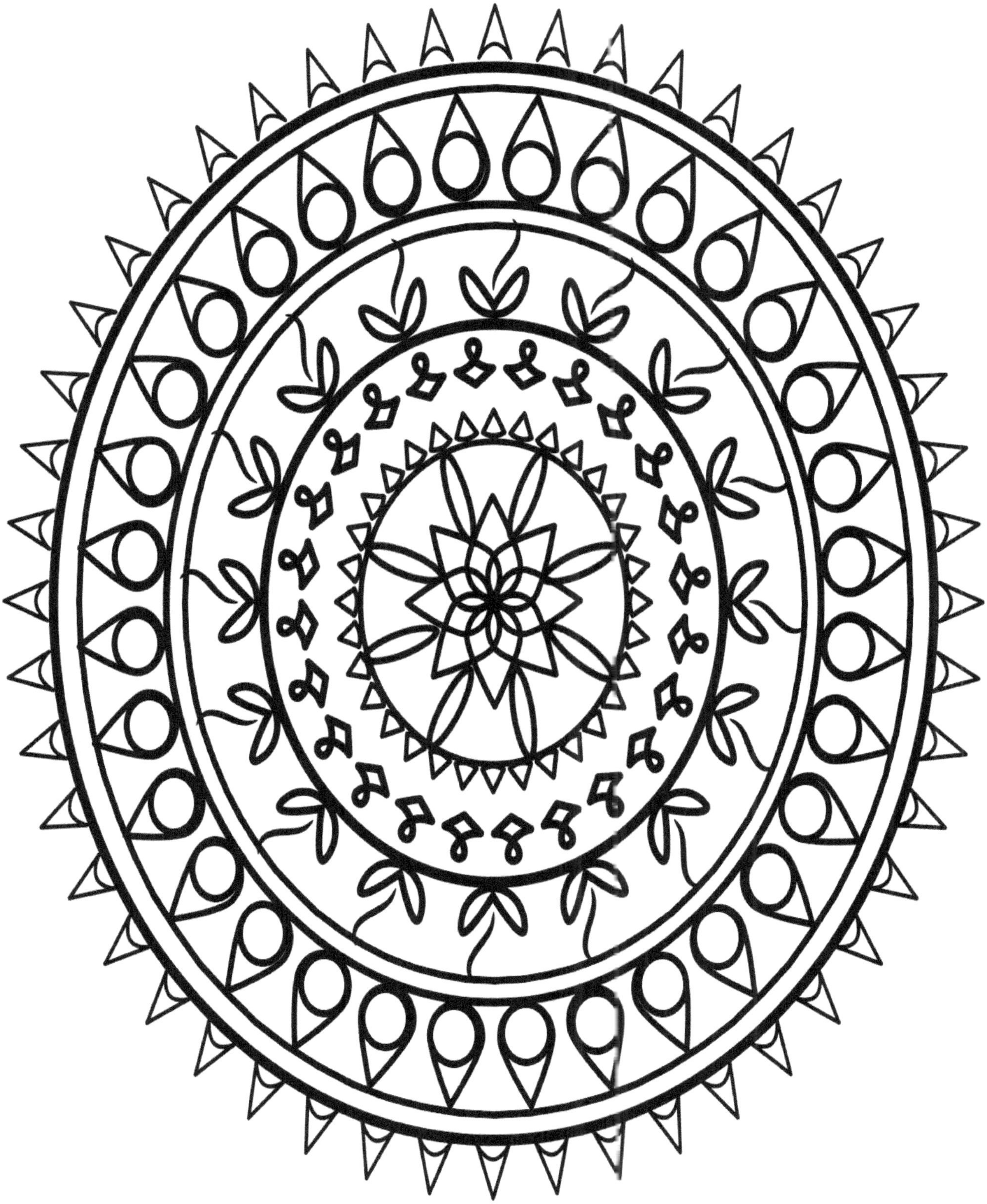

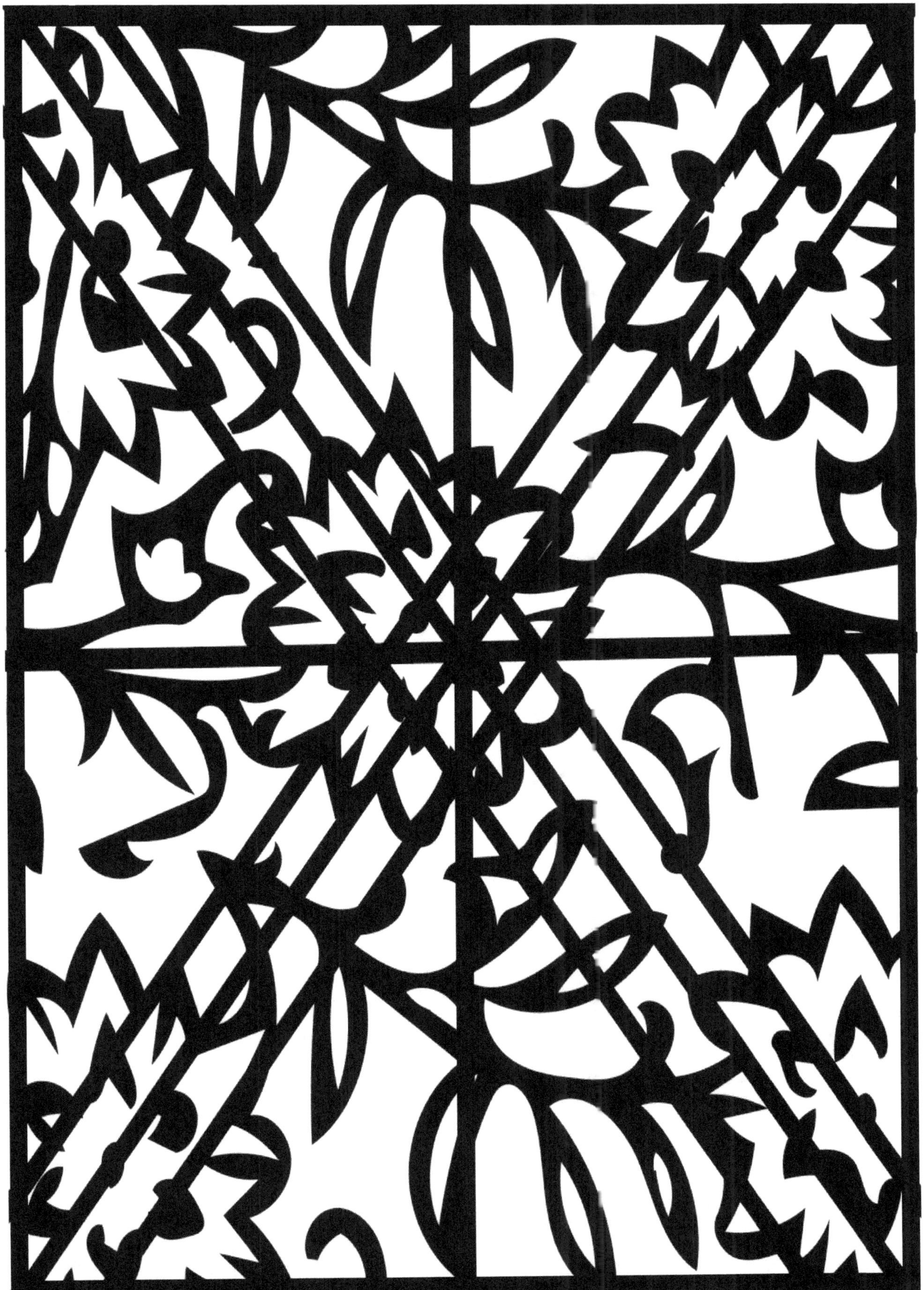

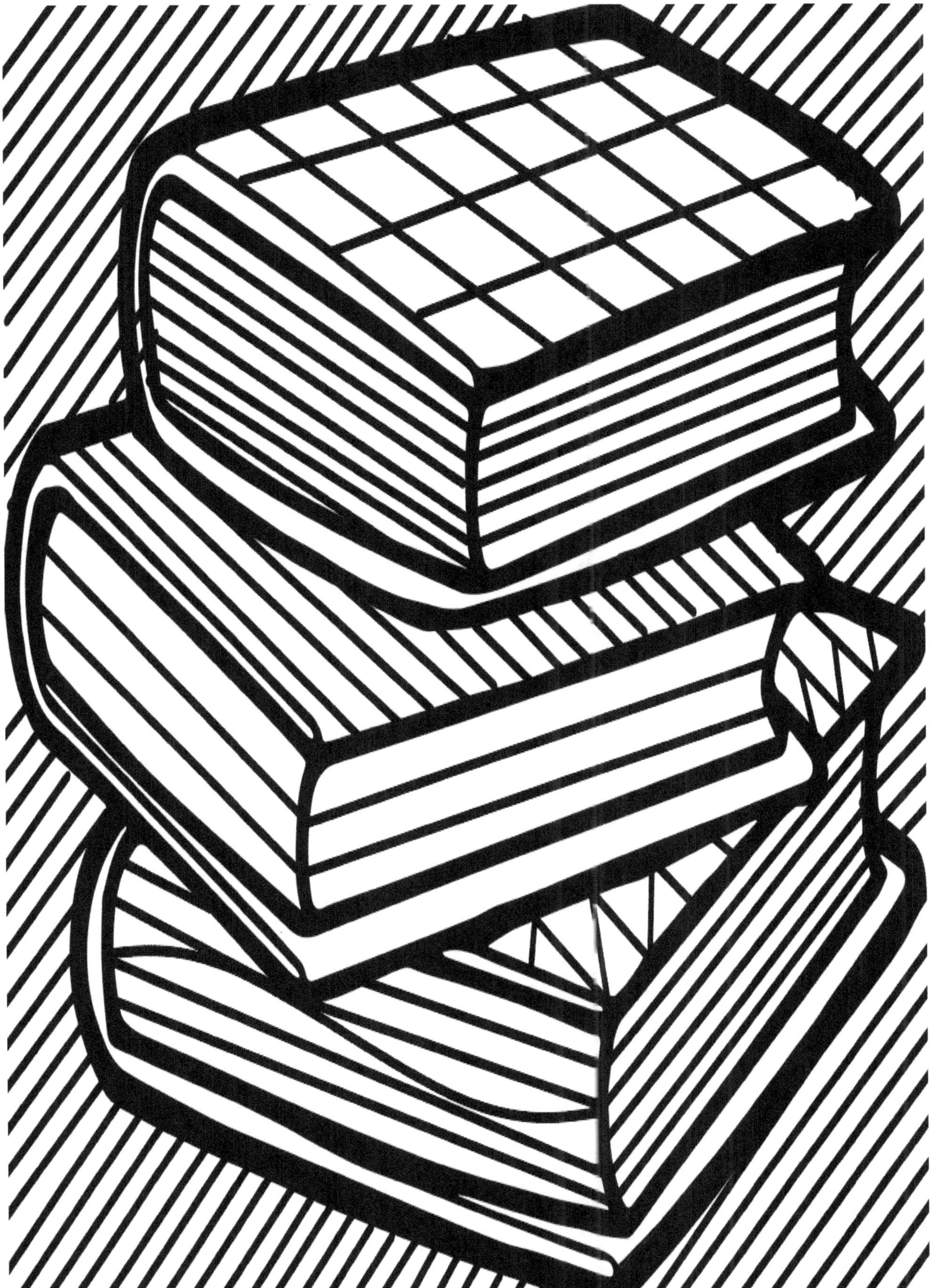

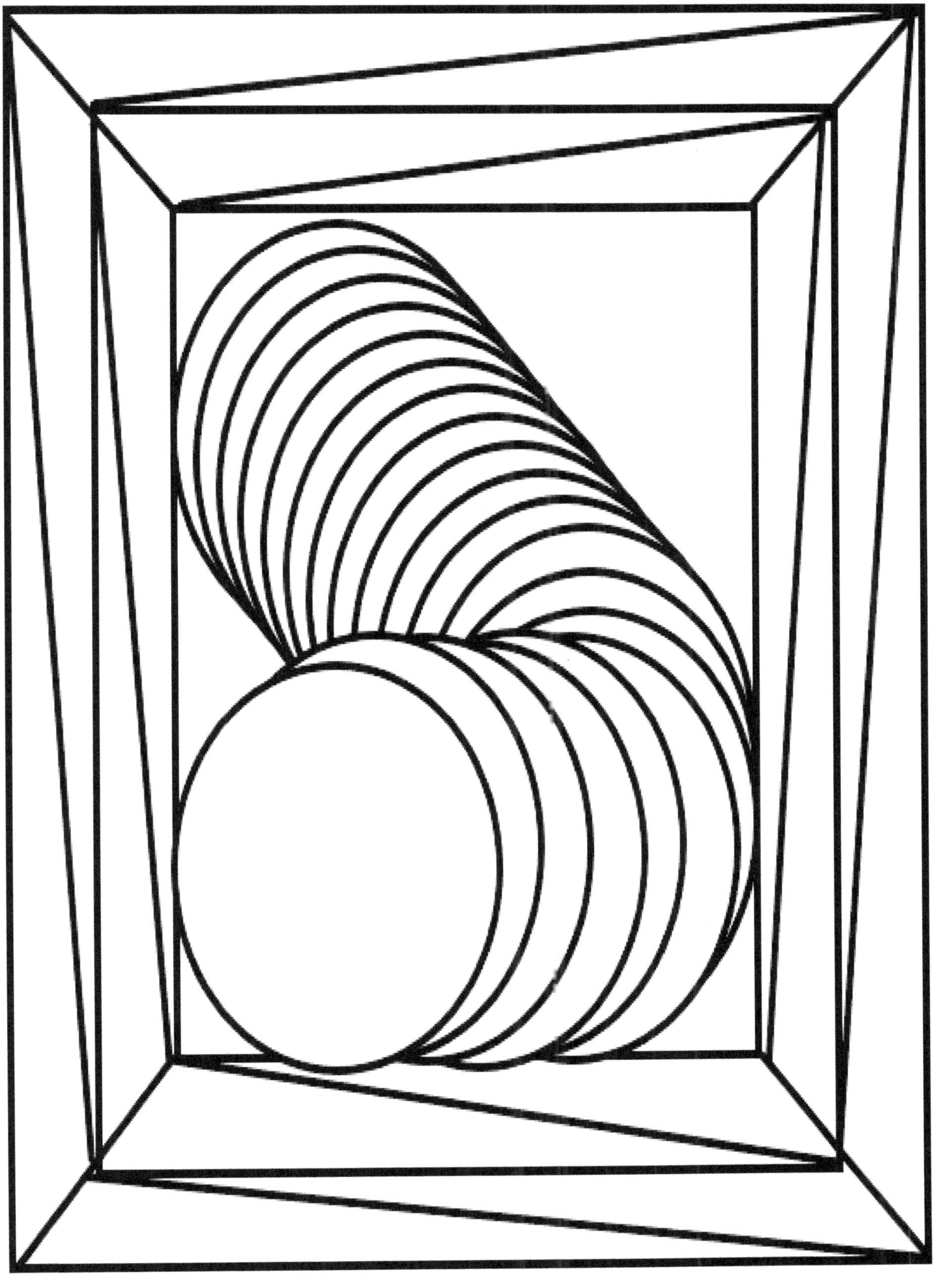

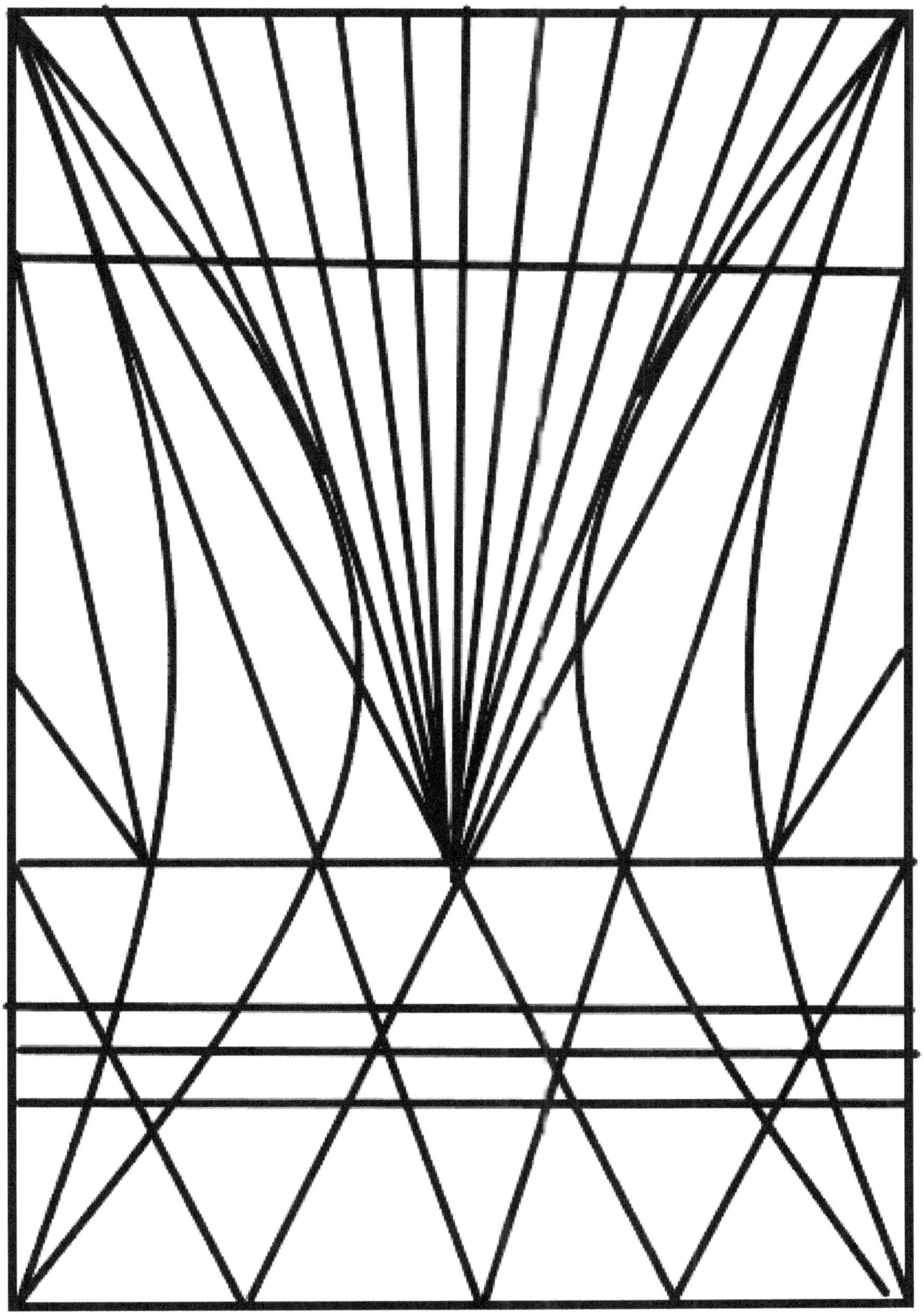

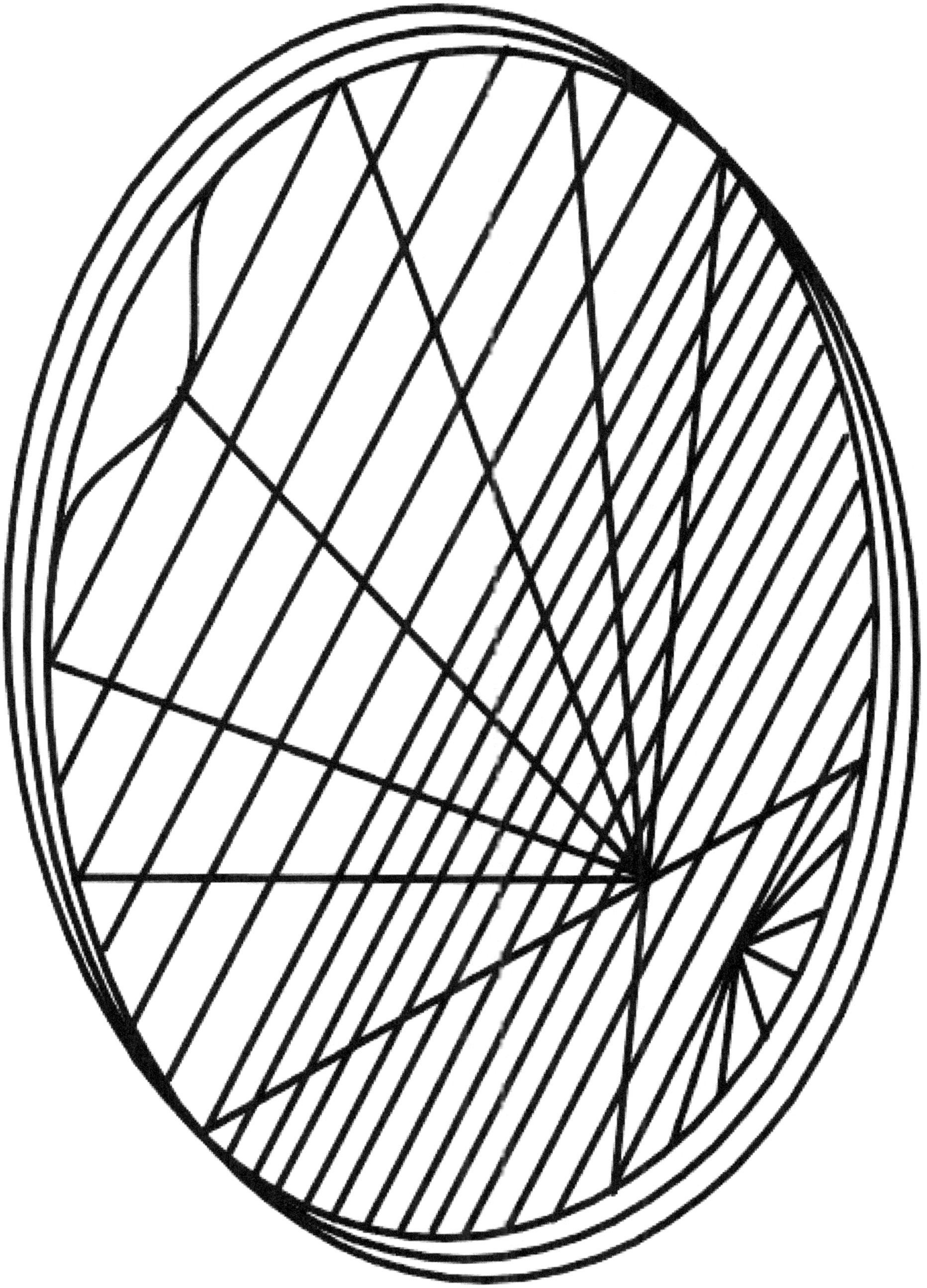

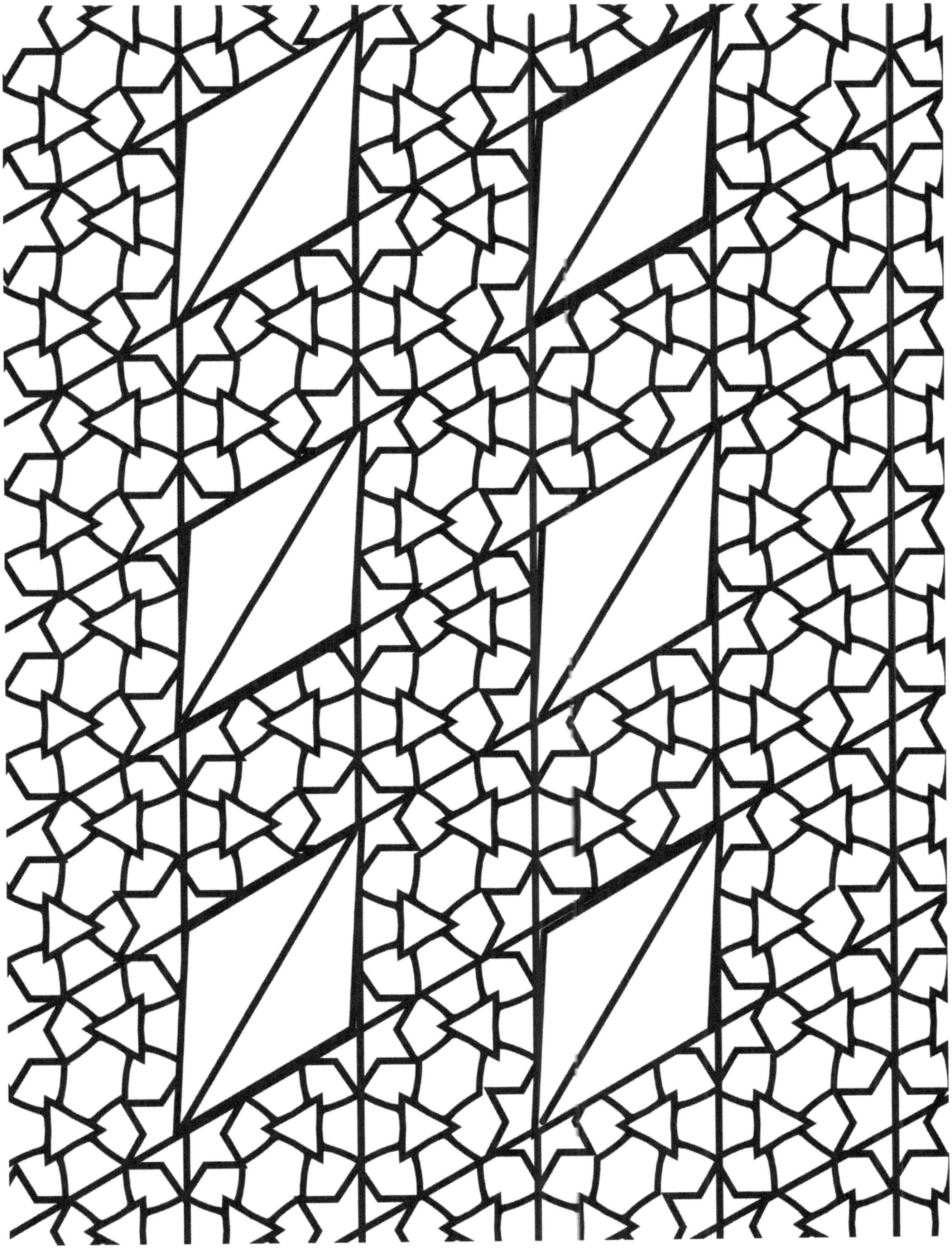

www.ingramcontent.com/pod-product-compliance
Lightning Source LLC
Chambersburg PA
CBHW080519220526
45465CB00006B/2529
* 9 7 9 8 6 7 3 9 0 7 4 9 8 *